DAS GROSSE
BACKEN

Inhalt

Vorwort

Backen ist schon lange nicht mehr nur noch Großmutters Sache! Ich war total überrascht, wer sich alles bei „Das große Backen" beworben hat! Vom hippen Studenten über den Zahntechniker, und den Mathematiker bis hin zur vierfachen Mutter teilen alle die eine Leidenschaft: Backen.

Und auch, wenn Backen schon lange nicht mehr nur bei Omi stattfindet, zieht uns der Duft von Vanille und Zimt immer wieder in unsere Kindheit zurück und beschert uns dieses wohlige Gefühl. Genau das ist mir passiert, als ich am Set von „Das große Backen" war.

Abenteuerlustig gingen unsere Kandidaten ans Werk. So unterschiedlich wie sie selbst waren auch ihre Kuchen, Torten, Tartes etc. Sie alle sind meisterhafte Bäcker, aber sie sind auch Menschen, die ausprobieren, hadern und manchmal an ihren Fähigkeiten zweifeln. Genau diese Mischung hat mich vier Wochen lang mit jedem Einzelnen von ihnen mitfiebern lassen. Auch wenn es ihn nur einmal geben kann, den besten (Hobby-)Bäcker Deutschlands!

Vielleicht werden SIE es ja beim nächsten Mal.

Viel Spaß beim Nachbacken, Dekorieren und natürlich beim süßen Genuss!

Ihre

Backzutaten – kleine Warenkunde

Mehl

Mehl ist der Hauptbestandteil der meisten Teige – Grund genug, an die Qualität dieses Lebensmittels höchste Ansprüche zu stellen. Um Mehl herzustellen, werden die Körner von Getreidearten wie Weizen, Roggen, Hafer, Gerste oder auch die zum Backen seltener verwendeten Arten wie Hirse und Mais in verschiedenen Stärken und Ausmahlungsgraden vermahlen. Dabei ist Schrot die gröbste Mahlstufe, dann folgt Grieß (ein körnig gemahlenes Produkt aus dem Mehlkern) und Dunst, der feinkörniger ist als Grieß und sich gut für Strudel und Hefegebäck eignet. Griffiges oder doppelgriffiges Mehl ist zu sehr feinen Körnchen vermahlen. Mehl bezeichnet schließlich die feinste Mahlstufe.

Als volles Korn oder Vollkorn werden die Mahlprodukte bezeichnet, die aus dem Korn mit allen seinen Bestandteilen hergestellt werden. Sie sind nicht für alle Backwaren geeignet. Ihre Backfähigkeit ist geringer und sie benötigen mehr Flüssigkeit. Deshalb kann man in Rezepten Weißmehl nicht einfach durch Vollkornmehl ersetzen, sonst werden Kuchen und Gebäck trockener und fester.

Je geringer der Ausmahlungsgrad ist, desto besser sind die Klebereigenschaften, weil fast nur der stärkehaltige Mehlkörper der Körner gemahlen wird. Mehl mit einem hohen Ausmahlungsgrad ist dunkel und reich an Mineral- und Ballaststoffen, die hauptsächlich in den Randschichten der Schale sitzen. Die

hellste Mehlsorte (Weißmehl) ist ideal für Feingebäck und Kuchen, stärker ausgemahlenes, dunkleres Mehl eignet sich für Vollkornkekse oder dunkle Mischbrote.

Wie hoch der Mineralstoffgehalt eines Mehls ist, kann man an der Type erkennen, die auf der Verpackung angegeben ist. Je höher die Typenzahl, desto größer der Anteil an Vitaminen, Mineralstoffen, Eiweiß und Fett. Die Mehltype gibt an, wie viel Milligramm Mineralstoffe bei der Veraschung von 100 Gramm Mehl zurückbleiben. Der helle Mehlkern enthält wenig Asche, während die Randschichten und der Keimling einen hohen Aschegehalt aufweisen. Der Ausmahlungsgrad und die Mehlfarbe hängen somit sehr eng mit dem Aschegehalt zusammen.

Mehltypen

Weizenmehl ist in mehreren Typen erhältlich:

Type 405: feines, weißes Mehl, ideal für Feingebäck und Kuchen

Type 550: stärker ausgemahlenes Weizenmehl für weiße Brotsorten und Brötchen

Type 812: mittelstark ausgemahlenes Weizenmehl für dunkles Kleingebäck

Type 1050: häufig verwendetes Mehl für Grau- und Mischbrote

Type 1200: ideal für dunkle Weizenbrote

Type 1700: Weizenbackschrot für Schrotbrote

Ein Beispiel: In 100 Gramm Weizenmehl Type 405 sind 405 Milligramm Mineralstoffe enthalten. Reines Vollkornmehl hat keine Typenzahl, sein Ausmahlungsgrad beträgt 100 Prozent.

Die Struktur von Kuchen und Gebäck hängt ab vom Kleber und der Stärke des Mehls. Zusammen mit Wasser oder Milch und durch Kneten bildet der Kleber ein Gerüst, das den Teig elastisch und dehnbar macht. Dabei bindet der Kleber 200 bis 300 Prozent seines Eigengewichts an Wasser. Während des Backens wird das Wasser erhitzt. Die Stärkekörnchen quellen dabei auf und verkleistern später. Viele Teige enthalten Butter, Margarine oder andere Fette, deshalb wird der Kleber nicht sofort fest, sondern erst, wenn das Fett abgekühlt ist. Deshalb darf man viele Kuchen erst dann aus der Backform herausnehmen, wenn sie ganz ausgekühlt sind. Ansonsten fallen sie wieder in sich zusammen.

Ganze Getreidekörner, deren Keime vorher abgetrennt wurden, behalten, trocken, luftig und kühl gelagert, über Jahre ihre Qualität, fetthaltige wie der Hafer mindestens ein Jahr. Grob zerteiltes oder bearbeitetes Getreide wie Flocken, Schrot und Grieß sollte spätestens nach einem halben Jahr aufgebraucht sein. Auch Mehl muss trocken, kühl und luftig gelagert werden. Zu lange gelagertes Mehl kann den Geschmack verderben. Deshalb immer zunächst auf das Verfallsdatum schauen und der eigenen Nase vertrauen. Riecht das Mehl muffig, ist es nicht mehr zu gebrauchen.

Eier

Wie bei anderen tierischen Erzeugnissen gilt auch beim Ei: Das Produkt kann nur so gut sein wie das Tier, von dem es stammt. Seit dem 1. Januar 2004 müssen alle Eier in der EU mit einer einheitlichen Kennzeichnung versehen sein. An Endverbraucher verkauft werden dürfen nur Eier der Güteklasse A, die auf der Schale mit einem standardisierten Erzeu-

gercode gestempelt sind, von dem sich Herkunft und Haltungsform ableiten.

Die folgende Buchstabenkombination bezeichnet das Herkunftsland. So steht zum Beispiel DE für Deutschland, AT für Österreich, NL für die Niederlande und IT für Italien. Zum Schluss folgt die Legebetriebsnummer mit Stallnummer.

> Die erste Zahl (0, 1, 2 oder 3) der Nummer gibt die Haltungsform der Legehennen an:
> 0 für ökologische Erzeugung
> 1 für Freilandhaltung
> 2 für Bodenhaltung
> 3 für Käfighaltung

Auf jeder Verpackung muss das Mindesthaltbarkeitsdatum (MHD) stehen. Es darf 28 Tage nach dem Legen nicht überschreiten. Letztes Verkaufsdatum ist der 21. Tag nach dem Legen. Kühl gelagert – am besten bei 7 bis 13 Grad Celsius –, behalten die Eier während dieser Zeit eine optimale Qualität. Bei Temperaturen über 25 Grad Celsius verlieren sie schon nach wenigen Tagen an Geschmack.

Im Kühlschrank sollten Eier möglichst in einem eigenen Fach liegen oder zumindest gut verpackt aufgehoben werden. Rohe Eier nehmen leicht andere Gerüche an und sollten deshalb nicht neben stark riechenden Lebensmitteln liegen.

Während der Lagerung verliert das Ei durch die Schale hindurch an Flüssigkeit. Dadurch wird die Luftkammer im Ei größer, es wird leichter. Das ungefähre Alter eines Eis kann man testen: Legt man ein frisches rohes Ei in ein mit Wasser gefülltes Glas, geht es unter. 20 Tage alte Eier schweben fast senkrecht im Wasser. Sie eignen sich nicht mehr dafür, roh verarbeitet zu werden. Ist das Ei noch älter, schwimmt es an der Wasseroberfläche und sollte nicht mehr gegessen werden.

Die Farbe der Eierschalen hängt übrigens nur von den Genen der Legehenne, also von der Züchtung, ab. Ein Huhn legt sein Leben lang entweder nur weiße oder nur braune Eier. Dabei ist die braune Schale kein Zeichen dafür, dass das Ei von einem Huhn aus Freilandhaltung stammt, wie viele Verbraucher fälschlicherweise vermuten. Es ist auch nicht gesünder als ein weißes Ei. Auch die Farbe des Dotters sagt nichts über Geschmack oder Frische aus, sondern ist abhängig von der Futtermischung.

Eier in der Backstube

Beim Backen werden Eier als Binde-, Emulgier-, Lockerungs- oder als Backtriebmittel verwendet. Das Eigelb verleiht Kuchen und Gebäck nicht nur eine schöne goldgelbe Farbe. Das Lecithin im Eigelb kann in seiner Eigenschaft als Emulgator auch fett- und wasserlösliche Zutaten verbinden. Außerdem trägt es zu einer gleichmäßigen Porenbildung im Teig bei und macht Backwaren saftiger. Wird Eigelb mit Zucker aufgeschlagen, entsteht eine helle Schaummasse. Die eingeschlagene Luft gibt den Backwaren später Volumen und eine angenehme Lockerheit.

Eiweiß wird durch kräftiges Schlagen zu festem Eischnee. Dabei gelangt Luft unter das flüssige Eiweiß. Um die Luftbläschen legt sich eine dünne, feste Haut aus Eiweiß. Sie schließt die Luft ein, es entsteht ein Schaum. Je länger man schlägt, desto kleiner werden die Luftbläschen – und desto fester wird der Eischnee. Beim Backen dehnt sich die eingeschlossene Luft im Eischnee durch die Hitze aus, kann aber nicht durch die Kruste des Kuchens entweichen. Dadurch treibt sie die Teigmasse nach oben – der Kuchen geht auf.

Um schnittfesten Eischnee zu erhalten, muss das Eiweiß vorsichtig vom Eigelb getrennt werden. Bereits ein kleiner Tropfen des fetthaltigen Eigelbs kann verhindern, dass der Eischnee fest wird. Deshalb sollte man jedes Ei einzeln über einem kleinen Gefäß aufschlagen, bevor man das gesamte Eiweiß in einer großen Metallschüssel schlägt. Wenn beim Trennen doch einmal etwas Eigelb ausläuft, ist nur ein Ei davon betroffen.

So gelingt der perfekte Eischnee: Das Eiweiß zunächst mit dem Handrührgerät kurz bei niedriger Geschwindigkeit schlagen. Dann eine Prise Salz zugeben und bei hoher Geschwindigkeit weiterschlagen. Dabei bildet sich ein gleichmäßiger, stabiler Schaum. Lässt man aber den Eischnee einige Zeit stehen, setzt sich Flüssigkeit ab, der Eischnee fällt in sich zusammen und kann nicht nochmals aufgeschlagen werden.

Fette

Fett – ob Butter, Margarine oder Pflanzenöl – verbessert die Kleberelastizität. Dadurch hält der Teig besser zusammen, wird geschmeidiger und leichter formbar. Die Zutaten vermischen sich leichter und die Backwaren erhalten eine mürbe Struktur. Ob ein leichter oder schwerer Teig entsteht, hängt von der Fettmenge ab. Viel Fett macht den Teig schwerer, seine Dehnbarkeit wird geringer. Doch das richtige Fett ist nicht nur wichtig für die Teigbeschaffenheit, sondern es bringt als Geschmacksträger auch die Aromen der verschiedenen Zutaten zur Geltung.

Butter

Bis vor rund 150 Jahren war Butter bei uns das wichtigste Speisefett. Früher schöpfte man den Rahm (Sahne) von der Milch ab und stampfte ihn dann so lange im Butterfass, bis sich das Milchfett von der Flüssigkeit schied. In der industriellen Fertigung übernimmt inzwischen die Zentrifuge diese Arbeit, doch im Prinzip hat sich an der Butterherstellung

nichts geändert: Der Rahm wird so lange geschlagen, bis sich die in der Milch enthaltenen winzigen Fettkügelchen zu Butterkörnchen zusammenballen. Diese werden maschinell so lange geknetet, bis eine homogene, fast wasserfreie Masse entsteht – die Butter. Sie muss mindestens 82 Prozent Fett und darf höchstens 16 Prozent Wasser enthalten. Die restlichen Bestandteile sind Eiweiß, Milchzucker, Lecithin, Vitamine und Mineralstoffe.

Butter wird in verschiedenen Geschmacksrichtungen und Sorten angeboten:

Süßrahmbutter   Sie besteht aus frischem, ungesäuertem Rahm ohne Zusätze. Sie flockt beim Erhitzen nicht aus, bindet gut und hat ein zart-süßes Aroma. Süßrahmbutter eignet sich von allen Buttersorten am besten zum Backen.

Sauerrahmbutter   Sie wird aus Rahm und Milchsäurebakterien hergestellt und hat einen typischen, herzhaft frischen Geschmack.

Mildgesäuerte Butter   Durch Zugabe bestimmter Säuerungsmittel wird die Butter nachträglich gesäuert und liegt geschmacklich zwischen den beiden anderen Sorten.

Gesalzene Butter   Diese Süßrahmbutter enthält aus Geschmacksgründen bis 2 Prozent Salz.

Butterschmalz   Es wird auch Schmelzbutter genannt und ist reines Butterfett, das durch Erhitzen und Klären von Butter entsteht. Es kann sehr hoch erhitzt werden und ist gekühlt lange haltbar.

Margarine

In vielen Backstuben und Haushalten hat in den letzten 100 Jahren die Margarine bei Kuchen und Gebäck die Butter ersetzt. Für die meisten Rezepte kann Butter oder Margarine verwendet werden.

Margarine hat dabei einige Vorteile: Sie ist geschmacksneutral und stets streichfähig, also sofort einsetzbar. Im Kaloriengehalt unterscheiden sich die beiden Streichfette kaum, dafür aber erheblich in ihrem Ursprung und in ihrer Zusammensetzung. Bei Butter überwiegen die gesättigten Fettsäuren, außerdem enthält sie Cholesterin. Da Margarine vorwiegend aus pflanzlichen Ölen gewonnen wird, ist sie reich an ungesättigten Fettsäuren und enthält kein Cholesterin.

Die Herstellung von Margarine ist ein kompliziertes Verfahren. Dabei werden Fett und Wasser vermischt, also zwei Stoffe, die sich naturgemäß nicht verbinden. Zunächst wird das Öl aus den Pflanzen gepresst. Die Rohöle – vorzugweise Sojaöl, Sonnenblumenöl, Erdnussöl und Maiskeimöl – werden anschließend raffiniert. Zuletzt wird das Öl fester gemacht, also von einem flüssigen in einen festen Zustand gebracht. Der Fachmann bezeichnet das als „Rekombination".

Häufig werden dann noch Aromastoffe, fettlösliche Vitamine, Emulgatoren und letztendlich auch Beta-Carotin zugesetzt. Dieser Stoff verleiht der Margarine die goldgelbe Farbe von Butter.

Je nach Sorte kann sie auch Molke, Buttermilch, Joghurt oder probiotische Kulturen sowie Salz enthalten. Nicht jede Sorte eignet sich zum Backen, und nicht jede Margarine ist rein pflanzlich. Werden Bestandteile von Kuhmilch wie Laktose (= Milchzucker) oder Molke verwendet, müssen diese im Zutatenverzeichnis auf der Verpackung deklariert werden. Deshalb sollten sich Veganer oder Allergiker diese Liste genau ansehen.

Haushalts- oder Standardmargarine muss einen Fettanteil von mindestens 80 Prozent haben. Das Fett kann aus pflanzlichen oder tierischen Quellen stammen oder aus einer Mischung von beiden. Diese Margarine eignet sich sehr gut zum Backen, Braten und Kochen.

Pflanzenmargarine wird aus den Ölen von einer oder mehreren Pflanzenarten hergestellt. Mehr als die Hälfte der im Rohstoff enthaltenen Fettsäuren muss unverändert sein. Den meisten Pflanzenmargarinen werden die Vitamine A, D und E zugesetzt. Die Menge der Vitamineinheiten ist vorgeschrieben und auf der Packung angegeben. Sanella ist eine Pflanzenmargarine mit 75 Prozent Fett und ideal zum Backen, sie kann aber genauso gut zum Braten und Kochen verwendet werden.

Dreiviertelfettmargarine hat einen Fettanteil von 60 bis 62 Prozent und ist auch zum Backen, Braten und Kochen geeignet.

Halbfettmargarine darf nur 39 bis 41 Prozent Fett enthalten. Sie hat entsprechend mehr Wasser und ist kalorienärmer. Allerdings eignet sie sich deshalb nicht zum Backen und Braten.

Zucker und andere Süßstoffe

Zucker wird aus Zuckerrüben oder Zuckerrohr durch mehrmaliges Kristallisieren und Raffinieren gewonnen. Der Zucker, der im Haushalt zum Süßen verwendet wird, besteht zu über 99 Prozent aus Saccharose, einem Zweifachzucker aus Traubenzucker und Fruchtzucker. Der in Deutschland am meisten angebotene Zucker ist Rübenzucker. Er wird ohne chemische Veränderung aus der nährstoffreichen Pflanze gelöst, gereinigt, eingedickt und kristallisiert. Als Rohzucker ist er noch gelblich braun, weil ihm Sirupreste anhaften. Er ist nicht zum unmittelbaren Verbrauch bestimmt. Durch Waschen und Behandeln mit Wasserdampf verwandelt er sich in Weißzucker, einer einfacheren Zuckerqualität. Erst durch mehrmaliges Auflösen und Kristallisieren entsteht Raffinade – Zucker von höchster Reinheit und Qualität. Er wird grob-, mittel- oder feinkörnig angeboten.

Brauner Zucker   Grob auskristallisierter, leicht klebriger Zucker, bei dem noch ein Teil der Melasse an den Kristallen haftet und ihnen eine braune

Farbe gibt. Etwas aromatischer als weißer Zucker, leicht malziger Karamellgeschmack.

Gelierzucker   Raffinade, die mit Pektinen und Zitronen- oder Weinsäure angereichert ist.

Hagelzucker   Hagelkorngroßer Zucker aus granulierter Raffinade.

Muscovadozucker   Unraffinierter, weicher brauner Zucker aus Zuckerrohr mit hohem Melasseanteil. Eignet sich vor allem für Gebäck und Süßspeisen. Nussiges, intensiv-süßes Karamellaroma.

Puderzucker   Sehr fein gemahlener, raffinierter, schnell löslicher Zucker mit puderähnlicher Konsistenz, vor allem für die Herstellung von Glasuren und das Bestäuben von Backwaren und Süßspeisen geeignet.

Rohrzucker   Hellbrauner Zucker, der aus Zuckerrohr gewonnen wird, wobei der eingedampfte Zuckersaft nur einmal mit Wasser raffiniert wird.

Vanillezucker   Mit echter, gemahlener Vanille oder natürlichem Vanillemark aromatisierter Zucker.

Vanillinzucker   Mischung aus Zucker und dem künstlich hergestellten Aromastoff Vanillin.

Würfelzucker   Aus angefeuchtetem weißem oder braunem Zucker gepresster Zucker.

Erst Zucker macht die Kuchen zu den süßen Verführern. Der Geschmack ist aber nur eine der Eigenschaften des Zuckers, denn er hat auch wichtige Aufgaben beim Backvorgang. Er stabilisiert Schaummassen, denn durch Zucker wird der Teig zähflüssiger. Vor allem aber verleiht er dem Gebäck eine schöne braune Kruste. Sie entsteht, weil beim Backen das Wasser verdunstet, in dem der Zucker gelöst ist. Dadurch kristallisiert und karamellisiert der Zucker. Wichtig ist, dass sich der Zucker vollständig im Teig gelöst hat. Deshalb sollte kein zu grober oder verklumpter Zucker verwendet werden. Für Spritzmürbeteige empfehlen Bäcker sogar Puderzucker, da er besonders leicht löslich ist.

Honig, Dicksäfte, Sirup und Stevia

Besonders schmackhaft, aber nicht unbedingt gesünder, werden Gebäck und Kuchen mit Honig anstelle von Zucker. Wegen seines einzigartigen Aromas wird Honig besonders in der Weihnachtsbäckerei geschätzt. In Lebkuchen und Honigkuchen, aber auch auf Bienenstich oder Florentiner kann er seinen vollen Geschmack entfalten.

Honig ist backtechnisch gesehen kein vollwertiger Ersatz für Zucker. Da Honig rund 20 Prozent Wasser enthält, sind seine wasserbindenden Eigenschaften schlechter als die von Zucker. So lässt sich beispielsweise Eigelb mit Honig wesentlich schlechter aufschlagen als mit Zucker. Deshalb ist für Rührteige und Biskuit Zucker besser geeignet.

Da die meisten wertvollen Vitamine des Honigs beim Erhitzen zerstört werden, genügt zum Backen auch preiswerterer Honig, der bei der Herstellung bereits einmal erhitzt worden war. Hochwertigen Honig genießt man am besten pur, zum Beispiel auf den Frühstücksbrötchen.

Als natürlicher Zuckerersatz bewähren sich auch Dicksäfte und Sirup. Obstdicksäfte sind konzentrierte, eingedickte Säfte, die meist aus Äpfeln oder Birnen ohne Zuckerzusatz hergestellt werden. Sie enthalten rund 85 Prozent fruchteigenen Zucker, haben eine goldrote Farbe und eine sirupartige Konsistenz. Durch das Eindicken konzentrieren sich die kalorienreichen Kohlenhydrate, dabei geht ein Großteil der Vitamine verloren. Aus dem Harz der mexikanischen Blauen Agave wird der Agavendicksaft

gewonnen. Er ist sehr gut löslich und hat eine neutrale Süßkraft. Dicksäfte sind für Diabetiker geeignet.

In den letzten Jahren immer beliebter geworden ist der Ahornsirup. Er wird traditionell in Nordamerika und Kanada aus dem Saft des Ahornbaumsw gewonnen. Dazu werden die Bäume im Frühjahr angebohrt, der ausfließende Saft wird aufgefangen und durch Kochen eingedickt. Da ein Baum pro Jahr durchschnittlich nur etwa 40 Liter Saft liefert, ist der Sirup relativ teuer. Je heller seine Farbe, desto feiner der karamellartige Geschmack.

Ein weiterer natürlicher Süßstoff ist Stevia, das aus den Blättern der Pflanze *Stevia rebaudiana* gewonnen wird. Das Süßkraut ist 300- bis 400-mal süßer als Zucker, hat kaum Kalorien und ist auch für Diabetiker geeignet. Das macht Stevia, das in verschiedenen Formen angeboten wird, so beliebt. Zum Backen ist es allerdings nur bedingt geeignet. Denn Zucker süßt nicht nur den Teig, sondern macht ihn auch voluminöser und lockerer. Da für einen Kuchenteig ca. 2 Gramm Stevia ausreichen, fehlt das Zuckervolumen und muss durch Ersatzprodukte wie gemahlene Nüsse oder Mehl ersetzt werden.

Künstliche Süßstoffe

Süße Geschmackserlebnisse mit wenig Kalorien versprechen künstliche Süßstoffe. Da sie den Blut-

Süßstoffmischungen

Acesulfam ist etwa 200-mal süßer als Zucker, stabil und hitzebeständig. Cyclamat, der Süßstoff mit der geringsten Süßkraft, wird häufig mit Saccharin gemischt. Saccharin ist 550-mal süßer als Zucker, hat aber einen bitteren Nachgeschmack, deshalb wird es gemischt. Cyclamat-Saccharin-Mischungen haben eine stabile, hitze- und säurebeständige Süße. Zum Backen ungeeignet sind Aspartam und Thaumatin. Sie verlieren beim Kochen und Backen ihre Süßkraft.

zuckerspiegel nicht beeinflussen, sind sie auch für Diabetiker oder Menschen mit Stoffwechselerkrankungen geeignet. Zum Backen sind sie nur bedingt geeignet, da sie – wie Stevia auch – nicht die besonderen Backeigenschaften des Zuckers haben. Da ihre Süßkraft wesentlich höher ist als die von Zucker, kann man nicht einfach Zucker durch Süßstoff ersetzen.

Das Körnchen Salz

Zwar braucht man nicht viel davon, doch ohne eine Prise Salz kann Gebäck seine Form nur schwer halten. Wie Zucker hat auch Salz die Eigenschaft, Wasser aufzunehmen. So erhöht es die Quellfähigkeit und die Löslichkeit des Klebereiweißes. So kleben die Zutaten des Teigs besser zusammen, die Struktur wird gefestigt. Gefragt ist auch hier das richtige Fingerspitzengefühl. Ein Zuviel an Salz lässt den Teig zu feucht werden und verzögert besonders bei Hefe- und Strudelteig die Gärung.

Backtriebmittel

Ein Teig aus den Grundzutaten Mehl, Wasser, Fett, Eier und Zucker ergibt kein luftiges Gebäck. Damit es schön locker wird, braucht man Backtriebmittel: biologische wie Hefe und Sauerteig oder chemische wie Backpulver, Pottasche oder Natron. Alle Backtriebmittel setzen beim Backen Kohlendioxid frei. So entstehen Gasbläschen, die aufsteigen, den Teig lockern und ihn bekömmlicher machen.

Hefe   Backhefe gibt es frisch und als Trockenhefe. Hefen sind Pilze, die sich durch Sprossung oder Spaltung vermehren. Hefezellen sind lebende Mikroorganismen, die Nahrung brauchen, um sich zu teilen: Aus der Stärke des Mehls entnimmt die Hefe Zucker und Kohlenhydrate und vergärt sie in warmer und feuchter Umgebung in Kohlendioxid und Alkohol. Das Kohlendioxid lässt den Teig aufgehen, der Alkohol verdunstet beim Backen. Je größer der Kleberanteil der Getreidesorte, desto besser geht der Teig auf.

Hefe gilt als das schnellste unter den natürlichen Backtriebmitteln, denn Hefepilze vermehren sich bei günstigen Lebensbedingungen rasch und unproblematisch. Optimal entwickeln sie sich bei Temperaturen zwischen 25 und 30 Grad Celsius, deshalb sollten das Mehl und alle anderen Zutaten bei der Teigherstellung Zimmertemperatur haben.

Damit Hefe sich allmählich entwickeln kann, wird ein sogenannter Vorteig hergestellt. Dazu rührt man frische Hefe in lauwarmem Wasser mit einem Drittel des Mehls an und lässt den Teig an einem warmen, zugluftfreien Ort aufgehen. Dabei entwickeln sich nicht nur die porenfüllenden Kohlensäurebläschen, sondern auch geschmacksgebende Aromastoffe. Der Vorteig wird dann mit den restlichen Zutaten gründlich verknetet. Bei Trockenhefe entfällt das Anrühren eines Vorteigs, man mischt sie einfach mit den anderen Zutaten. Anschließend braucht der Teig wieder Zeit, um erneut zu gehen. Rasches Gehenlassen an einem warmen Ort spart dem Bäcker Zeit. Lässt man den Teig aber stattdessen bei niedriger Temperatur – am besten zugedeckt über Nacht im Kühlschrank – langsam aufgehen, wird er feiner.

Natron Das im Backpulver enthaltene Natron (Kurzbezeichnung für Natriumhydrogencarbonat) wird auch allein als Backtriebmittel verwendet. Das leicht wasserlösliche Pulver eignet sich vor allem für schwere Teige wie Lebkuchen- oder Honigkuchenteig, dem es seinen typischen Geschmack verleiht. Auf 500 Gramm Mehl rechnet man 5 Gramm Natron, dazu gibt man noch sechs Esslöffel Essig, denn Natron braucht immer eine saure Komponente, um zu reagieren. Essig und Natron verhalten sich zusammen genauso wie Backpulver und lassen den Teig aufgehen. Fehlt die Säure, bleibt Soda (Natriumcarbonat) im Gebäck zurück und damit ein seifiger, unangenehmer Geschmack.

Pottasche Schwere Plätzchenteige wie Printen- oder Lebkuchenteig lockert man manchmal auch mit Pottasche (Kaliumcarbonat). Wie das Natron entwickelt auch Pottasche erst bei Temperaturen über 60 Grad Celsius seine Treibkraft. Das feine weiße geruchlose Pulver lässt den Teig eher in die Breite als in die Höhe gehen. Deshalb sollte man zwischen den Plätzchen auf dem Backblech immer genug Platz lassen. Für 500 Gramm Mehl braucht man 6 Gramm Pottasche. Gut verschlossen, hält sich das Backtriebmittel etwa acht Monate.

Backpulver Backpulver eignet sich als Backtriebmittel für fast alle Teige. Es besteht aus Natron, Säuren wie Weinsteinsäure, Zitronensäure oder phosphorsauren Salzen und Stärke als Trennmittel. Unter der Einwirkung von Feuchtigkeit und Wärme setzt die Säure das im Natron gebundene Kohlendioxid frei. So entstehen im Teig kleine Bläschen. Beim Backen im Ofen breitet sich das Kohlendioxid weiter aus, die Bläschen vergrößern sich. Resultat:

Der Teig dehnt sich aus, steigt in der Backform in die Höhe und wird locker. Weil Backpulver bei Luftfeuchtigkeit reagiert, sollte der Teig nicht länger als maximal 15 Minuten stehen, damit die Treibkraft nicht schon vor dem Backen verpufft. Bei richtiger Dosierung ist Backpulver geschmacksneutral. Bei einer zu hohen Dosis fällt das Gebäck oder der Kuchen nach dem Backen zusammen und hat zudem einen bitteren Nachgeschmack.

Aromatische Zutaten und Gewürze

Wer an Würzen denkt, hat meist pikante Speisen im Sinn. Doch auch Backwerk, ob süß oder salzig, braucht Würze. Vor allem in der Weihnachtsbäckerei wird eine Vielzahl von Gewürzen aus fernen Ländern verwendet. So erhalten die beliebten Anisplätzchen ihren typischen Geschmack durch die würzig-süßlichen Anissamen, deren ursprüngliche Heimat der östliche Mittelmeerraum ist. Ihr Aroma ist sehr intensiv, deshalb sollte Anis sparsam verwendet werden.

Kardamom, die Kapselfrucht der indischen Kardamomstaude, kommt meist getrocknet und gemahlen in den Handel. Ihr scharf-würziger Geschmack mit süßlicher Note veredelt Backwaren, Kaffee und Tee. Macis heißt der orangefarbene Samenmantel der Muskatnuss. Getrocknet und gemahlen aromatisiert er Stollen und Gewürzkuchen. Piment, die Beeren des bis zu zehn Meter hohen tropischen Pimentbaums, vereint die Aromen von Pfeffer, Gewürznelken, Muskatnuss und Zimt. Das auch Nelkenpfeffer genannte Gewürz ist vor allem für Weihnachtsgebäck beliebt.

Safran, leicht scharf und zart-bitter, wird aus den goldgelben oder orangefarbenen, etwa zwei Zentimeter langen Blütenfäden des *Crocus sativus* gewonnen. Das teuerste Gewürz der Welt verleiht Kuchen und Backwaren nicht nur Geschmack, sondern auch eine goldene Farbe.

Mittelamerika war die ursprüngliche Heimat der Vanilleschote, einer 15 bis 25 Zentimeter langen Fruchtkapsel der Echten Vanille, einer Schlingpflanze aus der Familie der Orchideen. Die Schoten werden vor der Reife gepflückt, dann getrocknet und fermentiert, bis sie ihr dunkles, öliges Aussehen und ihr volles Aroma erreichen. Zum Verfeinern von Backwaren wird das dunkle, klebrige Mark aus der Schote gekratzt. Es hat einen typischen, leicht süßlichen und sehr aromatischen Geschmack.

Aus der getrockneten Rinde des immergrünen Zimtbaums, einer Lorbeerart, wird der Zimt gewonnen. Die Zimtrinde wird zu feinen Röllchen gedreht und kommt als Zimtstange oder gemahlen in den Handel. Beste Qualität liefert der Ceylon-Zimt von Sri Lanka. Zimtstangen sind bis zu vier Jahren haltbar, wenn sie dunkel und trocken aufbewahrt werden. Gemahlen verliert Zimt dagegen schnell sein süßlich-würziges, feuriges Aroma.

Nüsse

Jede Nusssorte verleiht Kuchen und Gebäck einen anderen Geschmack – ob fein gemahlen, grob gehackt, gestiftet, als Blättchen oder ganze Nuss. Am häufigsten werden gemahlene Mandeln oder Haselnüsse verarbeitet. Mandeln unterteilt man in Süßmandeln mit harter Schale und mild schmeckendem Kern, Krach- oder Knackmandeln mit poröser Schale und süßem Kern sowie Bittermandeln mit harter Schale und bitterem Kern. Letztere enthalten Blausäure und sind roh ungenießbar. Durch Backen oder Kochen wird das Gift jedoch zerstört. Man verwendet sie in sparsamer Dosierung zum Würzen von Gebäck und Konfekt sowie für die Herstellung von Marzipan. Süße Mandeln und Haselnüsse werden geschält oder ungeschält angeboten. Für feines, helles Gebäck nimmt man besser die geschälte Variante, ansonsten sind beide zum Backen geeignet.

Wer einmal in den Mittelmeerländern Urlaub gemacht hat, kennt die herrlichen großen Pinien mit ihren rundlichen Zapfen. In den Schuppen dieser Zapfen liegen jeweils zwei Samen mit buttrig-zartem mandelähnlichem Geschmack, die Pinienkerne. Hervorragend sind auch die kleinen hellgrünen Pistazien, die bis zu zwei Zentimeter lang werden und zu den teuersten Nüssen zählen.

Obwohl eine Steinfrucht, gilt die Walnuss bei uns als die Nuss schlechthin. Sie gehört zu den ältesten Nahrungsmitteln des Menschen und wurde in Europa schon in der Jungsteinzeit gesammelt. Am Baum hat die Walnuss ein festes, grünes Fruchtfleisch mit glatter Haut, das während der Reifezeit zu einer harten braunen Schale wird. Helle Walnüsse sind meist gewaschen und gebleicht. Eine dunkle Schale weist auf wilde oder Bio-Nüsse hin.

Backpraxis

Backofen

Das wichtigste Utensil in der Küche ist der Backofen – ohne ihn bleibt die Backstube kalt. Mit immer
neuen Geräten wollen die Hersteller das Backen
leichter und sicherer machen. Im Trend liegen ener-
gieeffiziente Geräte, die in jeder beliebigen Höhe
und an weitgehend frei wählbarer Stelle in der
Küche positioniert werden können und einfach zu
bedienen sind. Sie lassen sich optimal in zeitgemäße
Küchenkonzepte integrieren. Zudem macht der Ein-
bau in Augenhöhe vieles einfacher: Das Backgut ist
problemlos einsehbar, ohne unbequem den Rücken
beugen zu müssen.

Die meisten modernen Backöfen bieten heute eine
Kombination von verschiedenen Heiztechniken:
Ober- und Unterhitze, Heißluft, Grill und eventuell
auch Gas. Ein Tipp: Für Biskuitböden und Muffins ist
die konventionelle Ober- und Unterhitze beim
Backen günstiger, Windbeutel und Plätzchen gelingen perfekt bei Heißluft. Für Hefe- und Rührteig
spielt die Heiztechnik kaum eine Rolle.

Gasbackofen – der Klassiker

Generationen von Hausfrauen haben im Gasbackofen bzw. im Holzofen Kuchen gebacken. Doch trotz
aller Bewährungsproben, die er bestanden hat, ist
der Gasbackofen ein wenig aus der Mode gekom-
men. Grund dafür ist sicher auch, dass er die für den
Backerfolg notwendige gleichmäßige Rundumwär-
me nicht so gut liefern kann wie ein Elektroherd.
Zudem ist die Stufeneinteilung der Hitze oft zu
ungenau. Deshalb bieten viele Hersteller Kombige-
räte an, bei denen je nach Funktion zwischen Gas-
und Elektrobetrieb gewählt werden kann. Ein reiner
Gasbackofen ist etwas für Backerprobte, die die
Temperatur stufenlos und prompt selbst regulieren
wollen und keine Backprogramme möchten. Weiterer Vorteil: Erdgas ist günstiger als Strom.

Elektrobackofen – der Alleskönner

Backrezepte, die keine weiteren Angaben zum Ofen-
typ enthalten, gehen immer von konventionellen
Elektrobacköfen mit Ober- und Unterhitze aus. Das
bedeutet, Heizspiralen erwärmen das Ofeninnere
vom Boden und von der Decke aus. Die Hitze verteilt
sich gleichmäßiger als bei Gas, eine perfekte Vertei-
lung ist allerdings auch hier nicht gewährleistet. Oft
ist die Temperatur in Türnähe etwas niedriger, mit
der Folge, dass Kuchen und Gebäck dort auch lang-
samer bräunen.

Da für gleichmäßiges Garen Ober- und Unterhitze in
gleicher Intensität auf das Backgut einwirken müssen, sollte das Backblech bei Plätzchen grundsätz-
lich auf der mittleren Einschubleiste stehen. Das gilt
auch für flache Kuchen ohne Belag und für das Vor-
backen eines Mürbeteigs. Kuchen mit Obstbelag
werden weiter unten eingeschoben, damit der Teig
fertig bäckt, ohne dass gleichzeitig das Obst aus-
trocknet. Auch hohe Formen wie zum Beispiel für
Gugelhupf werden weiter unten eingeschoben.
Kuchen mit einer Baiserhaube oder Butterkuchen
brauchen gegen Ende der Backzeit mehr Oberhitze,
damit die Haube leicht bräunt bzw. der Zucker karamellisiert. Eine Besonderheit des Elektrobackofens:

gleiche Temperatur herrscht, kann auf mehreren Ebenen gleichzeitig gebacken werden. Das ist vor allem für die Weihnachtsbäckerei eine große Zeitersparnis. Auch Vorheizen ist nicht mehr erforderlich. Gegenüber dem normalen Backofen wird die Backofentemperatur bei Heißluft 20 bis 30 Grad Celsius niedriger eingestellt. Das spart Energie. Doch meistens wird nur auf einer Ebene gebacken, deshalb haben viele Heißluftöfen inzwischen ein Sparprogramm. Damit kann bis zu einem Drittel der Stromkosten gegenüber herkömmlicher Heißluft eingespart werden.

Generell gilt: Jeder Backofen ist ein bisschen anders. Gerade bei älteren Modellen kann die tatsächliche Temperatur von der gewünschten etwas abweichen. Hier lohnt sich der Kauf eines preiswerten Backofen-Thermometers mit einer Skala bis 300 Grad Celsius, das einfach in den Backofen gestellt oder gehängt wird und die exakte Ist-Temperatur anzeigt. Die Anschaffung macht sich schnell bezahlt, denn das Gelingen von Kuchen und Plätzchen hängt wesentlich von der richtigen Temperatur ab.

Backformen

Nicht nur die Heiztechnik des Backofens und die Temperatur sind für das Gelingen der Backwaren wichtig, sondern auch die Wahl der richtigen Backform. Während dunkle Formen und Bleche die Hitze gut an den Teig weiterleiten, halten weiße Keramik- und Glasformen, die gern für Quiches und Pies verwendet werden, die Hitze ab. So trocknet der Teig nicht aus und verbrennt nicht. Ähnliches gilt für Weißblechformen, deren hauptsächlicher Pluspunkt jedoch der günstige Preis ist.

Immer beliebter werden Backformen aus Silikon. Ihr Vorteil: Sie müssen nicht eingefettet werden, die Kuchen kleben nicht an und lassen sich leicht aus der Form lösen. Außerdem sind die Kunststoffformen pflegeleicht, spülmaschinenfest, hitzebestän-

Die meisten verfügen heute über eine Reihe von automatischen Backprogrammen. Durch die Wahl eines Programms stellt der Ofen die Temperatur und die Backzeit selbstständig ein und überwacht den Backvorgang. Vor allem für ungeübte Hobbybäcker und -bäckerinnen kann das eine große Hilfe sein.

Heißluftofen – Backen auf allen Etagen

Heißluft ist nach Auskunft namhafter Küchenhersteller inzwischen die am häufigsten eingesetzte Beheizungsart in Privatküchen. Dabei sorgt ein Ventilator mit Ringheizkörper dafür, dass heiße Luft in den Innenraum des Backofens geblasen wird, die sich schnell und gleichmäßig verteilt. Da überall die

dig bis 230 Grad Celsius und sehr robust. Qualitativ hochwertiges Silikon ist ungiftig, geruchs- und geschmacksneutral. Wer auf Nummer sicher gehen will, sollte den Rat von Experten befolgen und neue Silikonformen vor dem ersten Gebrauch vier Stunden lang bei 200 Grad Celsius im Backofen erhitzen. Dabei entweichen alle möglicherweise noch vorhandenen Schadstoffe aus dem Material. Während dieser Zeit sollte man das Küchenfenster öffnen.

Die gebräuchlichsten Backformen, die in diesem Buch Verwendung finden, sind:

Backblech   Die stabile Platte besteht meistens aus schwarzem, dünn ausgewalztem Metall und hat einen niedrigen oder hohen Rand. Auf ihr kann Gebäck direkt gebacken oder können Kuchenformen gestellt werden. Hohe Backbleche können selbst als Blechkuchenform verwendet werden. Praktisch sind Backbleche mit Antihaftbeschichtung, von denen sich das Gebäck leicht ablösen lässt. Passend für alle Backöfen gibt es Bleche, die sich von 37 auf 52 Zentimenter ausziehen lassen. Backbleche absorbieren und leiten die Hitze, sodass die verschiedenen Teige und Gebäckstücke fest, knusprig und braun werden.

Gugelhupfform, Napfkuchenform
Diese hohe runde Form hat ein kegelförmiges Rohr in der Mitte, das über den Rand herausragt. Durch das Rohr gelangt die Hitze beim Backen in die Kuchenmitte. Der Kuchen gart so von innen und von außen. Gleichzeitig gibt das Rohr dem aufsteigenden Teig Halt.

Königskuchenform (Kastenform)   Für einfache Kuchen aus Rühr- oder Hefeteig eignet sich diese rechteckige Form besonders gut. Sie hat einen hohen Rand und leicht abgeschrägte Seiten. Es gibt sie in verschiedenen Größen. Der Kuchen backt in gleichmäßig und lässt sich einfach aus der Form

lösen. Kastenformen werden maximal zu zwei Dritteln gefüllt, damit der Teig, wenn er beim Backen aufgeht, nicht über den Rand hinausläuft.

Springform   Bei dieser runden Form sind der Boden und der Rand voneinander trennbar. Der Rand wird mit einer Klammer geschlossen oder gelöst. Sie eignet sich für Kuchen, die nach dem Backen nicht gestürzt werden. Die meisten Kuchenrezepte gehen von einer Springform mit 26 Zentimetern Durchmesser aus.

Tarteform   Ähnlich wie die Tortenbodenform ist diese runde Form mit niedrigem oder hohem gewelltem Bogenrand zu haben. Bei einer besonderen Variante ist der Boden abnehmbar. Dank der Bogenränder verdoppelt sich die Angriffsfläche für die Hitze, der Teig wird schneller fest und der Teigrand sehr stabil. Diese Böden sind besonders gut geeignet für Obstkuchen mit Guss, Quiches, Tartes oder gefüllte Torten.

Tortenbodenform Diese runde Backform ist aus Metall mit Waffelboden. Der Mittelteil ist etwas erhöht und der Rand gewellt. Sie ist ideal für Biskuit- und Mürbeteigböden. Der Boden wird aus der Form gelöst und umgedreht verwendet, hat also einen höheren Rand und kann deshalb gut belegt werden. Deshalb werden häufig Obstkuchenböden in dieser Form gebacken. Dank des Waffelbodens löst sich der Kuchen leicht aus der Form.

Vorbereitung ist alles

Mit kleinen Küchenhelfern wie Teigschaber, Teigrolle, Backpinsel sowie einer vernünftigen Teigmatte macht das Backen gleich noch mehr Freude. Hier sind einige nützliche Utensilien:

Backpapier Hitzebeständiges Papier zum Auslegen von Backformen und Backblechen. Es macht das Einfetten und Bemehlen überflüssig und kann auch zum Abdecken von Kuchen verwendet werden, die nicht austrocknen sollen.

Backpinsel Schmaler oder breiter Pinsel mit langen, weichen Natur- oder Silikonborsten. Wird zum Bestreichen von Gebäck und Teig, zum Auftragen von Glasuren und Tortengüssen, zum Ausstreichen von Formen mit Schokolade sowie zum Einfetten von Backblechen und -formen verwendet.

Handrührgerät Mit Quirlen zum Aufschlagen von Eiweiß, Sahne, Cremes und flüssigen Teigen oder mit Knethaken für die Herstellung von leichten bis mittelschweren Teigen.

Kuchengitter / Kuchenrost Rundes oder eckiges Metallgitter zum Abkühlen von Gebäck und Kuchen. Es verhindert, dass Gebäck beim Erkalten an der Unterseite schwitzt und feucht wird.

Kuchenpalette Langes schmales elastisches Messerblatt aus rostfreiem Stahl an einem Stiel mit feiner Zahnung auf der einen Seite. Zum Schneiden und waagerechten Teilen von Kuchen und Torten.

Mehlsieb Zum Verstäuben und Sieben von Mehl, Stärke oder Puderzucker. Es verfeinert das Mehl und sorgt so für einen lockeren Teig.

Schneebesen Zum Verrühren flüssiger Zutaten, Aufschlagen von Eiern und Cremes und zum Schlagen von Eischnee.

Spritzbeutel Beutel aus wasserdichtem Gewebe mit einer Tülle am spitzen Ende, um Teig, Cremes oder Sahne verschieden dick und unterschiedlich geformt aufzutragen. Die Größe des Beutels und der Tüllen variieren. Es gibt einfache Lochtüllen und Sterntüllen mit Zacken.

Streichpalette Langes schmales elastisches Messerblatt aus rostfreiem Stahl an einem Stiel zum Glattstreichen von Teigen, Glasuren und Cremes.

Teigkarte Flexibles Kunststoffblatt zum Glattstreichen von Teigen und Cremes, zum Verzieren von Tortenrändern und zum Reinigen der Arbeitsfläche.

Teigmatte Unterlage (oft aus Silikon), um das Ankleben des Teigs beim Ausrollen auf der Arbeitsfläche zu verhindern.

Teigrädchen Scharfes glattes oder gewelltes Rädchen zum Zuschneiden und Zerteilen von Teig.

Teigroller / Nudelholz Walzenrolle aus Holz, Edelstahl, Marmor oder Kunststoff zum gleichmäßigen Ausrollen des Teigs.

Teigschaber Flexibles Kunststoffblatt mit einer festen und einer weicheren Seite zum Verteilen von Teigen und zum Herausschaben von Teig oder Cremes aus einer Schüssel.

Rührteig

Er gelingt immer und ist in jede Form zu bringen.

250 g weiche Butter oder Sanella

250 g Zucker

1 EL Vanillezucker

1 Prise Salz

4 Eier

500 g Mehl

3 TL Backpulver

ca. 125 ml Milch (nach Bedarf
mehr oder weniger)

Fett und Mehl für die Form

25 Min. Zubereitung | 60–70 Min. Backen

1 Butter oder Sanella in Stücke schneiden und mit dem Zucker sowie dem Vanillezucker in eine Rührschüssel geben.

2 Beides mit dem Handrührgerät schaumig rühren. Das Salz sowie nach dem jeweiligen Rezept weitere Gewürze und Aromen dazugeben und alles zu einer geschmeidigen Masse verrühren.

3 + **4** Die Eier einzeln dazugeben und nach und nach unterrühren.

5 Das Mehl mit dem Backpulver mischen, sieben und nach Bedarf andere trockene Zutaten untermengen (wie z. B. gemahlene Nüsse). Die Mischung nach und nach mit einem Rührlöffel unter die Eimischung ziehen. Nach Bedarf Milch dazugeben.

6 Eine Backform einfetten und mit Mehl bestreuen. Den Teig einfüllen, dann die Oberfläche glatt streichen. Im Backofen 60–70 Minuten bei 180 °C Umluft oder 200 °C Ober- und Unterhitze backen. Anschließend aus dem Ofen nehmen, in der Form etwas abkühlen lassen und erst dann aus der Form lösen und ggf. weiterverarbeiten.

Tipp

Für einen mittelfesten Rührteig sollte der Teig schwer reißend vom Löffel fallen. Falls er zu fest ist, noch etwas Milch unterrühren.

Die Milch esslöffelweise dazugeben, bis der Teig die richtige Festigkeit hat. Ist er zu weich, kann er nach dem Backen Löcher haben. Werden Rosinen oder Ähnliches untergemischt, können diese „versinken".

Enthält der Rührteig viel Fett und Eier, kann er ruhig weicher sein. Denn die Eier werden beim Backen fest und verleihen Stabilität.

Mürbeteig

Knusprige Böden für Obstkuchen, Käsekuchen, pikante Tartes und Quiches.

200 g Mehl
1 Prise Salz
50 g Zucker
1 Ei
125 g kalte Butter oder Sanella
Mehl für die Arbeitsfläche

30 Min. Zubereitung | 30 Min. Kühlen

1 Das Mehl mit Salz sowie Zucker mischen und auf eine Arbeitsfläche häufen. (Für einen herzhaften Teig den Zucker weglassen.) Mit der Hand in die Mitte eine Mulde drücken. Auf dem Rand der Mulde bei Bedarf andere trockene Zutaten (wie z. B. gemahlene Nüsse oder Gewürze) verteilen. Das Ei in die Mulde schlagen. Die Butter oder Sanella in Stückchen schneiden und dazugeben.

2 Die Zutaten in der Mulde mit den Fingern gut vermischen.

3 Mit einem großen Messer die Mischung gut durchhacken, sodass kleine Teigkrümel entstehen.

4 Mit den Händen alles zu feinen Krümeln zerreiben. Dann die Teigkrümel rasch zusammenkneten, bis ein geschmeidiger Teig entsteht.

5 Den Teig zu einer Kugel formen.

6 In Frischhaltefolie wickeln und mindestens 30 Minuten im Kühlschrank ruhen lassen.

7 Anschließend den Teig aus der Folie nehmen und auf einer bemehlten Arbeitsfläche ausrollen. Eine Form damit auskleiden. Anschließend nach Rezept belegen, backen und auskühlen lassen.

Biskuitteig

Er ist für Höheres bestimmt. Denn mit Sahnehäubchen wird daraus ein Kunstwerk.

4 Eier (Größe L)
200 g feiner Zucker
4 EL heißes Wasser
140 g Mehl
60 g Speisestärke
1 TL Backpulver

Für 1 Springform (Ø 24–26 cm)
25 Min. Zubereitung | 40 Min. Backen

1 Die Springform auseinandernehmen. Ein Stück Backpapier etwas größer als die Form zuschneiden und den Boden damit auslegen. Den Springformrand auflegen und das Papier damit festklemmen.

2 Die Eier trennen. Die Eiweiße zu Eischnee schlagen. Die Eigelbe in einer großen Rührschüssel aufschlagen. Ein wenig Zucker und heißes Wasser nach und nach zugeben und die Eier auf der höchsten Stufe des Handrührgeräts 2–3 Minuten schaumig schlagen. Löffelweise den übrigen Zucker dazugeben und ca. 5 Minuten weiterrühren.

3 Das Mehl mit der Stärke und dem Backpulver in einer weiteren Schüssel vermischen, dann auf den Teig sieben.

4 Die Mehlmischung kurz mit dem Handrührgerät auf der niedrigsten Stufe unterheben.

5 + **6** Mit einem Kochlöffel durch kreisende Bewegungen die Mehlmischung ganz unterheben, sodass ein lockerer Teig entsteht. Weiteres Schlagen mit dem Rührgerät würde den Teig zusammenfallen lassen. Dann den Eischnee portionsweise mit einem Kochlöffel unterheben.

7 Den Teig in die Springform füllen und glatt streichen. Im Backofen auf mittlerer Schiene bei 200 °C Ober- und Unterhitze ca. 40 Minuten backen.

8 Danach den Biskuit in der Form abkühlen lassen. Anschließend aus der Form stürzen und auf einem Kuchengitter vollständig auskühlen lassen. Dann das Backpapier abziehen und den Biskuitboden z. B. als Tortenboden verwenden.

Hefeteig

Wenn er ausreichend lange gehen darf, dann ist er nicht mehr zu halten.

500 g Mehl
1 TL Salz
½ Würfel frische Hefe (21 g)
oder 1 Päckchen Trockenhefe
1 EL Zucker
ca. 250 ml Wasser
1 Ei
Mehl für die Arbeitsfläche

30 Min. Zubereitung
1 Std. 15 Min. Ruhen
15–40 Min. Backen

1 Wird frische Hefe verwendet, für den Vorteig das Mehl in eine große Schüssel sieben und mit dem Salz mischen. In die Mitte eine Mulde drücken und die frische Hefe hineinbröckeln. Den Zucker und 50 ml lauwarmes Wasser dazugeben.

2 Die Hefe, Wasser und Zucker in der Mulde mithilfe einer Gabel leicht verrühren. Wird Trockenhefe verwendet, entfällt das Anrühren des Vorteigs. Die Trockenhefe einfach mit Zucker, Wasser und der Mehlmischung vermengen und mit Rezeptschritt **5** fortfahren. Ein Hefeteig mit Trockenhefe muss nur einmal gehen.

3 Die Mischung mit den Händen mit etwas Mehl zu einem Vorteig verkneten.

4 Den Vorteig mit etwas Mehl bestreuen und mit einem Küchentuch zugedeckt an einem warmen Ort (z.B. über der Heizung) ca. 15 Minuten gehen lassen.

5 Das Ei dazugeben und unterkneten.

6 Mit den Knethaken des Handrührgeräts oder mit den Händen alles zu einem glatten Teig verkneten und dabei nach und nach bis zu 200 ml lauwarmes Wasser dazugießen. Der Teig sollte sich leicht vom Schüsselrand lösen. Sollte der Teig zu feucht sein, noch etwas Mehl dazugeben. Ist er zu trocken, noch etwas lauwarmes Wasser einarbeiten.

7 Den Teig auf einer mit Mehl bestäubten Arbeitsfläche ca. 10 Minuten kräftig durchkneten, damit viel Luft in den Teig kommt und er locker wird.

8 Den Teig in der Schüssel zugedeckt an einem warmen Ort ca. 1 Stunde oder über Nacht im Kühlschrank gehen lassen, bis sich sein Volumen verdoppelt hat. Nach Belieben für herzhaftes oder süßes Gebäck verwenden und nach Rezeptangabe backen.

Brandteig

Luftig, locker, leicht – Brandteiggebäck hat besondere Eigenschaften.

250 ml Wasser
1 TL Salz
1 EL Zucker
50 g Butter oder Sanella
150 g Mehl
4 Eier
Fett und Mehl für das Backblech

40 Min. Zubereitung
15–20 Minuten Backen

1 Die Zutaten abwiegen und bereitstellen.

2 Das Wasser (oder andere Flüssigkeit) in einem Topf zusammen mit Salz und Zucker erhitzen.

3 Die Butter oder Sanella dazugeben und in der Flüssigkeit schmelzen, aber nicht kochen lassen.

4 + **5** Das gesamte Mehl auf einmal dazugeben und mit einem Holzlöffel gut unter die Buttermasse mischen.

6 Die Masse bei niedriger Hitze gut verrühren, sodass ein zäher Teigkloß entsteht. Diesen so lange weiter mit dem Löffel verrühren, bis der Teig sich vom Topfboden löst und sich ein weißer Belag bildet. Diesen Vorgang nennt man „abbrennen".

7 Nun den Teig in eine Rührschüssel geben und kurz abkühlen lassen.

8 Mit den Knethaken eines Handrührgeräts die Eier nacheinander unterrühren.

9 Das nächste Ei erst dazugeben, wenn das vorherige gut in den Brandteig eingearbeitet wurde. Der Teig sollte zum Schluss glatt sein.

10 + **11** Ein Backblech mit Fett bestreichen und mit etwas Mehl bestreuen.

12 Den Teig in einen Spritzbeutel mit Lochtülle füllen und Windbeutel oder andere Formen auf das Blech spritzen. Im Ofen bei 200 °C Umluft 15–20 Minuten backen, dabei den Ofen nicht öffnen, sonst fällt der Teig zusammen. Auf einem Kuchengitter auskühlen lassen und nach Belieben füllen.

Strudelteig

Ein Teig mit viel Gefühl und inneren Werten.

500 g Mehl
1 Ei
1 Eigelb
2 Prisen Salz
1–3 EL Pflanzenöl
250 ml lauwarmes Wasser
Pflanzenöl zum Bestreichen
Mehl zum Arbeiten
100 g flüssige Butter

Für 2 Strudel (je 6–8 Stücke)
25 Min. Zubereitung
30–40 Min. Ruhen
45 Min. Backen

1 Das Mehl in eine Rührschüssel sieben. Das Ei, Eigelb, Salz und das Öl dazugeben.

2 Das Wasser nach und nach dazugießen und alles zu einem geschmeidigen Teig verkneten.

3 Der Teig sollte sich leicht vom Schüsselrand lösen.

4 Den Strudelteig auf einer bemehlten Arbeitsfläche weitere 10 Minuten kräftig kneten und dabei immer wieder auf die Arbeitsfläche schlagen, damit er elastisch und dehnbar wird.

5 Den Teig zu einer Kugel formen, mit Öl bestreichen, in Frischhaltefolie wickeln und bei Zimmertemperatur 30–45 Minuten ruhen lassen.

6 Den Teig in 2–4 gleich große Stücke teilen (je nachdem, wie groß die Strudel werden sollen). Auf einem mit Mehl bestäubten Küchentuch dünn ausrollen.

7 Mit bemehlten Handrücken unter den Teig fassen und diesen von der Mitte aus so weit ausziehen und dehnen, bis er hauchdünn ist.

8 Der Teig ist dünn genug, wenn das Muster des Geschirrtuchs durchscheint.

9 Den Teig leicht mit Butter bepinseln. Nun nach Rezept süß oder herzhaft füllen. Die Seiten einschlagen und mithilfe des Küchentuchs zu einem Strudel aufrollen. Den Strudel bei 200 °C Ober- und Unterhitze in 40–45 Minuten goldbraun backen.

Blätterteig

Ihn herzustellen ist eine Kunst. Für Faulenzer gibt es Blätterteig
aus dem Kühlregal oder tiefgekühlt.

250 g Mehl
1 TL Salz
1 Eigelb
150 ml Wasser
25 g weiche Butter
250 g kalte Butter
Mehl zum Arbeiten

Für 700 g Teig | 2 Std. Zubereitung
1 Std. 10 Min.–1 Std. 50 Min. Kühlen

1 + 2 Das Mehl auf eine Arbeitsfläche sieben und eine Mulde formen. Das Salz, Eigelb und Wasser hineingeben. Die weiche Butter in Stücke schneiden und auf dem Rand der Mulde verteilen. Alles mit den Händen zu einem glatten Teig kneten.

3 Den Teig auf eine bemehlte Arbeitsfläche legen und zu einem 3 mm dünnen Rechteck ausrollen.

4 Die kalte Butter in 6 gleich große Stücke schneiden und in die Mitte der Teigplatte legen.

5 + 6 Die Teigränder über die Butterstücke schlagen. Die Teigoberfläche leicht mit Mehl bestäuben und die Teig-Butter-Platte erneut ausrollen.

7 Den Teig zunächst in drei Lagen übereinanderschlagen. Die Teigschichten sollten möglichst genau aufeinander liegen. Anschließend 20 Minuten kalt stellen.

8 Den Teig abermals ausrollen und zwei Seiten zur Mitte hin einschlagen.

9 Die beiden Teighälften zusammenklappen, sodass vier Teiglagen aufeinanderliegen. Diese Vorgänge (**7**–**9**) zweimal wiederholen, dazwischen immer wieder ausrollen und kühlen.

10 Abschließend den Blätterteig 30 Minuten kühl stellen. Danach zum gewünschten Gebäck weiterverarbeiten.

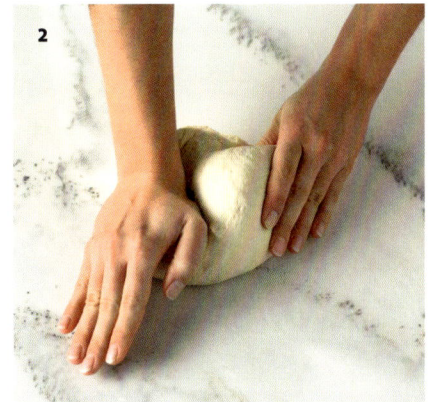

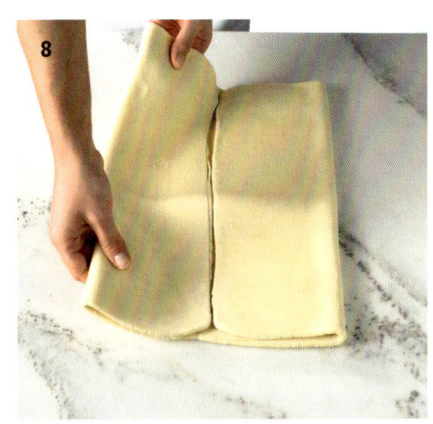

Hinweis

Das Einschlagen von Fett in einen Teig und das anschließende Ausrollen wird „tourieren" genannt.

Als einfache Tour bezeichnet man das Übereinanderlegen der Fett-Teig-Platte in drei Schichten (Schritt **7**). Bei der doppelten Tour wird die Platte in vier Schichten übereinandergelegt (Schritt **8–9**).

Das Kühlen zwischen den Touren verhindert, dass der Teig reißt.

süß & bunt

Himbeermacarons

Nicht nur für Frischverliebte!

Für die Macarons
100 g Himbeeren
270 g Puderzucker
4 Eiweiß
2 TL Zitronensaft
200 g gemahlene Mandeln
rote Lebensmittelfarbe
5 Amarettini

Für die Füllung
100 g Zartbitterkuvertüre
20 g Butter
2 EL Sahne

Für ca. 30 Stück
40 Min. Zubereitung
25 Min. Backen

1 Den Backofen auf 150 °C Umluft vorheizen. Ein Backblech mit Backpapier belegen.

2 Für die Macarons die Himbeeren abbrausen, trocken tupfen und pürieren. Das Himbeerpüree durch ein feines Sieb streichen und mit 2 Esslöffeln Puderzucker verrühren.

3 Die Eiweiße mit dem Zitronensaft steif schlagen, nach und nach den restlichen Puderzucker unterschlagen, bis eine schnittfeste, glänzende Masse entstanden ist.

4 Die Mandeln und das Himbeerpüree vorsichtig unter den Eischnee heben. Mit einigen Tropfen Lebensmittelfarbe kräftig rot einfärben.

5 Die Amarettini in einem Gefrierbeutel mit einem Nudelholz zu feinen Bröseln zerkleinern.

6 Die Masse in einen Spritzbeutel mit großer runder Tülle füllen. Kleine Tupfen (Ø 2 cm) auf das Blech spritzen. Im Ofen ca. 25 Minuten backen, dabei die Ofentür einen Spalt offen lassen (einen Holzkochlöffel in die Tür stecken). 10 Minuten vor Backzeitende mit den Amarettinibröseln bestreuen. Die fertig gebackenen Macarons herausnehmen und auskühlen lassen.

7 Für die Füllung die Kuvertüre in kleine Stücke hacken und über einem heißen Wasserbad schmelzen. Die Butter in kleine Stücke schneiden und mit der Sahne unter die Kuvertüre rühren. Die Creme etwas abkühlen lassen.

8 Jeweils ein Macaron mit etwas Schokoladencreme bestreichen und ein zweites Macaron daraufsetzen. Fest werden lassen.

Macarons mit Schokoladenfüllung

Feine kleine Schokohäppchen, mürb und zart.

Für die Macarons

4 Eiweiß

2 TL Zitronensaft

250 g Zucker

125 g gemahlene Mandeln

30 g Kakaopulver

Für die Füllung

100 g Zartbitterkuvertüre

30 g Butter

4 EL Sahne

Puderzucker zum Bestäuben

Für ca. 30 Stück

30 Min. Zubereitung

25 Min. Backen

1 Den Backofen auf 140 °C Umluft vorheizen. Ein Backblech mit Backpapier belegen.

2 Für die Macarons die Eiweiße mit dem Zitronensaft steif schlagen. Den Zucker nach und nach einrieseln lassen, weiterschlagen, bis eine schnittfeste, glänzende Masse entstanden ist. Die Mandeln und den Kakao vorsichtig unterheben.

3 Die Masse in einen Spritzbeutel mit großer, runder Tülle füllen. Kleine Tupfen (Ø 2 cm) auf das Blech spritzen. Die Macarons im Ofen ca. 25 Minuten backen, dabei die Ofentür einen Spalt offen lassen (einen Holzkochlöffel in die Tür stecken).

4 Für die Füllung die Kuvertüre in kleine Stücke hacken und über einem heißen Wasserbad schmelzen. Die Butter in kleine Stücke schneiden und mit der Sahne unter die Kuvertüre rühren. Die Masse etwas abkühlen lassen.

5 Jeweils ein Macaron mit etwas Schokoladencreme bestreichen und ein zweites Macaron daraufsetzen. Fest werden lassen. Mit Puderzucker bestäubt servieren.

Veilchenmakrone

Oder ganz vornehm: Macaron à la violette de Toulouse.

Für die Creme

2 EL Speisestärke

1 Ei

1 Eigelb

80 g Puderzucker

250 ml Milch

120 g Butter

1 EL Veilchensirup

Für die Makrone

2 Eiweiß

150 g Puderzucker

1 TL Veilchensirup

70 g gemahlene Mandeln

50 g kandierte Veilchenbüten

ca. 100 g Erdbeeren

Für 1 Makronentörtchen (Ø 22 cm)

1 Std. Zubereitung | 25 Min. Backen

1 Für die Creme Stärke, Ei, Eigelb und Puderzucker in einer Schüssel vermischen. Die Milch in einem kleinen Topf einmal aufkochen. Unter Rühren langsam zur Eiermischung gießen. Über einem heißen Wasserbad zur Rose abziehen (siehe Tipp).

2 Die Creme in eine andere Schüssel gießen und kalt schlagen. Die Butter in kleine Stücke schneiden und unter die Creme schlagen. Den Veilchensirup unterrühren und nach Geschmack noch Puderzucker dazugeben.

3 Den Backofen auf 150 °C Ober- und Unterhitze vorheizen.

4 Für die Makrone die Eiweiße steif schlagen, 100 g Puderzucker nach und nach einrieseln lassen und weiterschlagen, bis eine schnittfeste, glänzende

Masse entstanden ist. Den Sirup dazurühren und die Mandeln zusammen mit dem restlichen Puderzucker unterheben.

5 Zwei Kreise (Ø 22 cm) auf Backpapier aufzeichnen. Die Makronenmasse in einen Spritzbeutel mit Lochtülle füllen und gleichmäßig die zwei Kreise mit Teig füllen. Die Oberfläche glatt streichen. Einige Veilchenblüten zerbröseln und auf einen der beiden Teigkreise streuen.

6 Im Ofen 10–12 Minuten backen. Die Temperatur auf 240 °C erhöhen und weitere 3–4 Minuten backen. Die Temperatur auf 150 °C reduzieren und bei geöffneter Ofentür in 10 Minuten fertig backen. Aus dem Ofen nehmen und auskühlen lassen.

7 Die Makronen vom Backpapier lösen. Die Creme auf die Unterseite der Makrone ohne Veilchen streichen. Die zweite Makrone daraufsetzen und mit Puderzucker bestäuben.

8 Die Erdbeeren putzen, waschen und in Stücke schneiden. Die Früchte auf der Mitte der Makrone verteilen und mit den restlichen kandierten Veilchen bestreut servieren.

Tipp

Um die optimale Konsistenz einer Creme zu erhalten, erhitzt man sie im heißen Wasserbad so lange, bis sie dickcremig wird. Wenn Sie ein wenig Creme auf einen Holzkochlöffel geben und daraufpusten, sollten sich rosenartige Kringel bilden. Jetzt ist die Creme „zur Rose abgezogen", also fertig.

Erdbeermousse-Torte

Fruchtig frisches Rot in allen Tönen zum Genießen.

Für den Mürbeteig
50 g Marzipanrohmasse
60 g kalte Sanella
100 g Mehl | 2 EL Zucker | 1 Eigelb
Fett für die Form
Mehl für die Arbeitsfläche

Für die Füllung
8 Blatt weiße Gelatine
3 Blatt rote Gelatine
200 g Erdbeeren
3 Eier | 100 g Zucker
500 g Joghurt
1 EL Vanillezucker
400 ml Sahne

Für den Guss
5 Blatt weiße Gelatine
300 g Erdbeeren
ca. 200 ml Orangensaft
2 EL Puderzucker
180 ml Sahne
50 g gehackte Pistazien

Für 1 Springform (Ø 26 cm)
1 Std. 30 Min. Zubereitung
20 Min. Backen | 6 Std. Kühlen

1 Für den Teig mit den angegebenen Zutaten einen Mürbeteig zubereiten (Grundrezept S. 24).

2 Den Backofen auf 200 °C Ober- und Unterhitze vorheizen. Den Boden der Springform einfetten.

3 Den Teig auf einer bemehlten Arbeitsfläche ausrollen und den Boden der Form damit auslegen. Mehrmals mit einer Gabel einstechen, im Ofen 15–20 Minuten backen, herausnehmen und auskühlen lassen.

4 Für die Füllung die weiße und rote Gelatine jeweils in kaltem Wasser einweichen. Die Erdbeeren putzen, waschen, trocken tupfen und in ein hohes Gefäß geben. Mit dem Pürierstab pürieren. Die rote Gelatine ausdrücken und in einem kleinen Topf erhitzen. Unter die geschmolzene Gelatine 3–4 Esslöffel Erdbeerpüree rühren und das Ganze mit dem restlichen Püree vermengen.

5 Die Eier trennen. Eigelbe mit dem Zucker über einem heißen Wasserbad cremig schlagen. Die weiße, ausgedrückte Gelatine unterrühren und in der Mischung auflösen, dann abkühlen lassen. Den Joghurt und den Vanillezucker untermengen. Sahne und Eiweiße jeweils steif schlagen und beides unter die Masse ziehen. In eine Hälfte der Masse das Erdbeermark rühren. Kurz bevor sie zu gelieren beginnen, jede Mousse abwechselnd dicht an dicht in Ringen auf den Tortenboden spritzen. Eine zweite Schicht mit der jeweils anderen Farbe daraufspritzen. Für mindestens 2 Stunden kühl stellen.

6 Für den Guss die Gelatine in kaltem Wasser einweichen. Die Erdbeeren putzen, waschen, pürieren und durch ein Sieb streichen. Mit dem Orangensaft auf 400 ml auffüllen. Die ausgedrückte Gelatine in einem kleinen Topf schmelzen lassen. Von der Fruchtmasse 4 Esslöffel mit dem Puderzucker unterrühren und dann unter die restliche Masse mengen. Kurz bevor die Masse zu gelieren beginnt, über die fest gewordene Mousse gießen. Mit der Sahne kreisförmig beträufeln und mit einem Holzstäbchen Muster einziehen. Weitere 2–3 Stunden vollständig fest werden lassen.

7 Die Torte aus der Form lösen, den Rand mit Pistazien bestreuen und in Stücke geschnitten servieren.

Waldmeister-Sekt-Torte

Hier verstecken sich beschwipste Früchtchen.

Für den Biskuitteig
3 Eier | 90 g Zucker | 1 Prise Salz
60 g Mehl | 40 g Speisestärke

Für die Füllung und die Verzierung
300 g Himbeeren | 750 ml Sekt
80–90 g Speisestärke | 175 g Zucker | 200 ml Sahne
1 Päckchen Gelatinepulver (zum Kalteinrühren)
1 Päckchen Götterspeisenpulver (Waldmeister)
100 g Zucker | 400 ml Apfelsaft | 200 ml Sahne
1 Päckchen Sahnesteif | 1 EL Vanillezucker
Himbeeren | Minzeblätter | Puderzucker

Für 1 Springform (Ø 24 cm)
1 Std. Zubereitung | 35 Min. Backen | 5 Std. Kühlen

1 Den Backofen auf 180 °C Ober- und Unterhitze vorheizen. Eine Springform mit Backpapier auskleiden.

2 Mit den angegebenen Zutaten einen Biskuitteig (Grundrezept S. 26) zubereiten. Den Teig in die Form füllen, glatt streichen und im Ofen ca. 35 Minuten

backen (Stäbchenprobe S. 18). Herausnehmen, abkühlen lassen, aus der Form lösen und auf einem Kuchengitter vollständig auskühlen lassen.

3 Für die Füllung die Himbeeren verlesen, waschen und trocken tupfen. Den Sekt mit Stärke und Zucker unter Rühren aufkochen, dann auskühlen lassen. Die Sahne steif schlagen und unterheben. Einen Tortenring um den Biskuit stellen. Die Himbeeren auf dem Biskuit verteilen. Gelatine über die Himbeeren streuen und die Sektmasse auf den Himbeeren verteilen. 4 Stunden kühl stellen.

4 Die Götterspeise mit Zucker und Apfelsaft anrühren, auf die Torte gießen und kühl stellen. Die Sahne mit Sahnesteif und Vanillezucker steif schlagen und in einen Spritzbeutel füllen. Die Torte mit Sahnerosetten garnieren, auf jede Rosette 1 Himbeere und 1 Minzeblatt geben. Den Tortenring entfernen. Die Waldmeister-Sekt-Torte mit Puderzucker bestäubt servieren.

Traubentarte mit Zitronencreme

Fruchtig-frischer Genuss für die ersten Herbsttage.

Für den Mürbeteig

200 g Mehl | 50 g gemahlene Mandeln
1 Prise Salz | 75 g Zucker | 150 g kalte Sanella
1 Ei | Mehl für die Arbeitsfläche

Für den Belag

80 g Lemon Curd (Zitronencreme) | 500 g kernlose Trauben
(blau und weiß) | 400 g Schmand | 300 g Frischkäse
abgeriebene Schale und Saft von 1 unbehandelten Zitrone
100 g Zucker | 2 EL Vanillezucker | 3 Eier
2 EL Speisestärke | 1 Päckchen klarer Tortenguss

Für 1 Tarteform (Ø 26 cm)
50 Min. Zubereitung | 30 Min. Kühlen | 50 Min. Backen

1 Den Backofen auf 180 °C Umluft vorheizen. Eine Tarteform mit Backpapier auslegen.

2 Mit den angegebenen Zutaten einen Mürbeteig (Grundrezept S. 24) zubereiten. Zur Kugel formen, in Frischhaltefolie wickeln und 30 Minuten kalt stellen.

3 Den Teig auf einer bemehlten Arbeitsfläche ausrollen und die Form damit auslegen. Dabei einen Rand hochziehen. Den Boden mit Lemon Curd bestreichen.

4 Für den Belag die Trauben waschen und abtropfen lassen.

5 Den Schmand mit dem Frischkäse, der Zitronenschale und dem -saft, dem Zucker und dem Vanillezucker verrühren. Die Eier sowie die Stärke unterziehen. Die Masse auf dem Mürbeteig verteilen, die Trauben daraufsetzen und leicht eindrücken.

6 Die Tarte im Ofen ca. 50 Minuten backen. Anschließend herausnehmen und auskühlen lassen.

7 Den Tortenguss nach Packungsangabe kochen, über die Tarte gießen und fest werden lassen. In Stücke geschnitten servieren.

Beerentorte

Ein Hochgenuss für alle Beerenfans – optisch wie geschmacklich!

Für den Biskuitteig
10 Eier
1 EL Zitronensaft
250 g Zucker
200 g Mehl
40 g Speisestärke
100 g gemahlene Mandeln

Für die Füllung
300 ml Sahne
1 Päckchen Sahnesteif
2 EL Vanillezucker
1 TL abgeriebene Schale einer
unbehandelten Orange
40 g Mandelblättchen

Für die Verzierung
500 g gemischte Beeren
(z. B. Heidel-, Johannis-,
Himbeeren, Kapstachelbeeren)
3 Eiweiß | 550 g Zucker
Minzeblätter zum Verzieren

Für 2 Springformen (Ø 26 cm und 18 cm)
1 Std. Zubereitung | 30 Min. Backen
2 Std. Kühlen

1 Den Backofen auf 180 °C Umluft vorheizen. Die beiden Springformen mit Backpapier auslegen.

2 Für den Teig die Eier trennen, Eiweiße mit dem Zitronensaft steif schlagen. Zucker nach und nach dazugeben und weiterschlagen. Das Mehl mit der Stärke und den Mandeln vermischen. Eigelbe auf den Eischnee geben, die Mehlmischung darüberstreuen und unterziehen. Den Teig in die Formen geben, ca. ein Drittel in die kleine Form, den Rest in die große Form. Glatt streichen und im vorgeheizten Ofen backen.

3 Den kleinen Kuchen nach ca. 20 Minuten, den größeren nach ca. 30 Minuten aus dem Ofen nehmen (Stäbchenprobe S. 18) und leicht abkühlen lassen. Aus den Formen lösen und jeweils auf ein Kuchengitter gestürzt vollständig auskühlen lassen.

4 Für die Füllung die Sahne mit dem Sahnesteif, dem Vanillezucker und der Orangenschale steif schlagen. Die Mandelblättchen unterheben. Die Tortenböden jeweils waagerecht halbieren und mit der Mandelsahne füllen. Die restliche Sahne auf der Mitte der großen Torte verstreichen, die kleine Torte daraufsetzen und kalt stellen.

5 Zum Verzieren die Beeren verlesen, abbrausen und trocken tupfen. 1 Eiweiß leicht verquirlen und die Früchte damit bepinseln. In 150 g Zucker wälzen und auf Backpapier ca. 2 Stunden trocknen lassen.

6 Zum Glasieren den restlichen Zucker mit 120 ml Wasser zu einem Sirup (Läuterzucker) köcheln. Wenn aus einem Tropfen eine geleeartige Kugel geformt werden kann, ist der Sirup fertig. Die beiden übrigen Eiweiße steif schlagen und den Sirup unter Rühren langsam einfließen lassen. Die Torte damit glasieren und mit den Zuckerbeeren und Minze verzieren.

Heidelbeerkuchen

Ein Hochsommertraum: Bereits der Anblick ist Erfrischung pur.

Für den Boden

150 g Zwieback

½ TL gemahlener Zimt

1 EL Zucker

75 g weiche Sanella

Für den Belag

500 g Heidelbeeren

6 Blatt Gelatine

200 ml Sahne

200 g Quark

400 g Frischkäse

100 g Puderzucker

Saft und abgeriebene Schale

von 1 unbehandelten Zitrone

50 ml Schwarze-Johannisbeer-Saft

Minzeblätter zum Verzieren

Für 1 Springform (Ø 24 cm)

45 Min. Zubereitung | 3 Std. Backen

1 Die Springform mit Backpapier auslegen.

2 Für den Boden den Zwieback in einem Plastikbeutel mit dem Nudelholz fein zerbröseln. Mit dem Zimt, dem Zucker und der Sanella verkneten. Gleichmäßig auf den Boden der Springform drücken und 30 Minuten kalt stellen.

3 Für den Belag die Heidelbeeren verlesen, abbrausen und trocken tupfen. Zwei Drittel der Beeren grob pürieren, den Rest beiseitestellen.

4 Die Gelatine in kaltem Wasser einweichen. Die Sahne steif schlagen. Den Quark abtropfen lassen und zusammen mit dem Frischkäse, dem Puderzucker, dem Zitronensaft, der Zitronenschale und dem Beerenpüree glatt rühren.

5 Die Gelatine ausdrücken und mit dem Johannisbeersaft in einem Topf bei niedriger Hitze schmelzen lassen. 3–4 Esslöffel der Creme einrühren, dann alles unter die restliche Creme ziehen. Die Schlagsahne unterheben und die Masse auf den Boden der Form geben.

6 Die übrigen Beeren auf dem Kuchen verteilen und diesen im Kühlschrank mindestens 3 Stunden fest werden lassen.

7 Aus der Form lösen, mit Minze verzieren und in Stücke geschnitten servieren.

Baisertorte
mit Schoko-Minz-Füllung

Erquickend fürs Auge – erfrischend für den Gaumen.

Für die Baisermasse
6 Eiweiß
300 g Zucker
1 Prise Salz
3 TL Apfelessig

Für die Creme
300 g weiße Schokolade
2 Eier | 4 Eigelb
4 cl Pfefferminzsirup
2 cl Pfefferminzlikör
4 Blatt weiße Gelatine
400 ml Sahne
Minzeblätter zum Verzieren

Für 8–10 Stück
1 Std. 30 Min. Zubereitung
4 Std. Backen

1 Den Backofen auf 100 °C Umluft vorheizen. Ein Backblech mit Backpapier belegen.

2 Die Eiweiße steif schlagen, dabei nach und nach den Zucker dazugeben. Das Salz sowie den Essig unterrühren und weiterschlagen, bis eine schnittfeste, glänzende Masse entstanden ist.

3 Die Baisermasse in einen Spritzbeutel mit großer Lochtülle (Ø 13 mm) füllen. In der Mitte beginnend, spiralförmig 2 Böden (Ø 22 cm) auf das Backblech spritzen. Aus der restlichen Masse kleine Tupfen neben die Böden spritzen. Im vorgeheizten Ofen bei leicht geöffneter Backofentür (Kochlöffel dazwischenklemmen) mehr trocknen lassen als backen.

4 Nach 1 Stunde die Baisers mit dem Backpapier vom Blech auf ein Backgitter ziehen und weiterbacken. So trocknet auch die Unterseite der Baisers. Die Tupfen bereits nach 1 ½ Stunden, die Böden nach 3–4 Stunden Gesamtbackzeit aus dem Ofen nehmen. Die Baisers vollständig auskühlen lassen.

5 Für die Creme die Schokolade grob hacken und über einem heißen Wasserbad schmelzen. In einer anderen Schüssel die Eier mit den Eigelben ebenfalls über dem Wasserbad mit dem Sirup und dem Likör weiß-cremig schlagen.

6 Die Gelatine in kaltem Wasser einweichen und die Sahne steif schlagen. Die geschmolzene Schokolade zu der Eier-Minz-Creme geben. Die Gelatine gut ausdrücken und ebenfalls unterrühren. Die Masse in einem kalten Wasserbad unter Rühren abkühlen lassen. Kurz bevor die Creme zu gelieren beginnt, die Schlagsahne unterziehen.

7 Jeweils die Hälfte der Creme auf einen Baiserboden streichen, den anderen Boden daraufsetzen. Die Torte vor dem Servieren mindestens 1 Stunde kalt stellen und mit den Baisertupfen und Minze verziert servieren.

Himbeer-Pistazien-Kuchen mit Rosencreme

Fast zu schade zum Vernaschen: jeder Bissen ein Fest für die Sinne!

Für den Biskuitteig

4 Eier

Salz

100 g Zucker

1 EL Vanillezucker

100 g Mehl

2 EL Speisestärke

1 TL Backpulver

abgeriebene Schale von
1 unbehandelten Limette

50 g gemahlene Pistazien

Für die Creme

4 Blatt weiße Gelatine

250 g Himbeeren

4 cl Rosensirup

100 ml Sahne

150 g Mascarpone

Puderzucker zum Bestäuben

Für 1 Springform (Ø 20 cm)

50 Min. Zubereitung

25 Min. Backen

4 Stunden Kühlen

1 Den Ofen auf 180 °C Ober- und Unterhitze vorheizen. Die Springform mit Backpapier auslegen.

2 Für den Teig die Eier trennen. Die Eiweiße mit 1 Prise Salz und 30 g Zucker steif schlagen. Die Eigelbe mit dem restlichen Zucker, 2 Esslöffeln heißem Wasser und dem Vanillezucker schaumig rühren. Die Hälfte des Eischnees unter die Eigelbmasse heben. Das Mehl mit der Stärke und dem Backpulver vermischen. Zum Teig geben und unterziehen. Den restlichen Eischnee mit der Limettenschale und den Pistazien unterheben. Den Teig anschließend in die Form geben.

3 Den Teig glatt streichen und im Ofen ca. 25 Minuten backen (Stäbchenprobe S. 18). Den Biskuit kurz abkühlen lassen, vorsichtig aus der Form lösen und auf einem Kuchengitter auskühlen lassen.

4 Für die Creme die Gelatine in kaltem Wasser einweichen. Die Himbeeren verlesen, waschen und trocken tupfen. Von den Beeren 100 g durch ein Sieb streichen. Das Himbeermark mit dem Rosensirup leicht erwärmen und die ausgedrückte Gelatine darin auflösen. Anschließend abkühlen lassen.

5 Die Sahne steif schlagen. Den Mascarpone unter das abgekühlte Sirupmark rühren und die Sahne unterziehen. Die Creme in einen Spritzbeutel mit gezackter Tülle füllen und in Spiralen auf den Kuchen spritzen. Die übrigen Himbeeren auf dem Kuchen verteilen und mindestens 3 Stunden kalt stellen. Mit Puderzucker bestäubt servieren.

Kirschschnitte mit Heidelbeercreme

Hier vereinen sich zwei rote Früchtchen zu köstlichem Genuss.

Für den Mürbeteig

200 g Mehl | 50 g gemahlene Mandeln
1 Prise Salz | 75 g Zucker | 150 g kalte Sanella | 1 Ei
Fett für die Form | Mehl zum Arbeiten

Für den Belag

4 Eier | 150 g Zucker | 250 g Magerquark | 100 ml Sahne
1 EL Speisestärke | 200 g entsteinte Kirschen

Für die Creme

5 Blatt weiße Gelatine | 200 g Heidelbeeren
70 g Zucker | 2 EL Kirschsaft | 200 ml Sahne
Puderzucker zum Bestäuben

Für 1 Backform (10 x 26 cm)
1 Std. 10 Min. Zubereitung
30 Min. Kühlen | 1 Std. Backen

1 Mit den angegebenen Zutaten einen Mürbeteig (Grundrezept S. 24) zubereiten. Zur Kugel formen, in Frischhaltefolie wickeln und 30 Minuten kalt stellen.

2 Den Backofen auf 175 °C Umluft vorheizen. Eine Backform einfetten.

3 Den Teig auf bemehlter Arbeitsfläche ausrollen. Die Form damit auskleiden, einen Rand hochziehen.

4 Eier und Zucker schaumig rühren. Quark, Sahne und Stärke dazurühren. Die Kirschen unterziehen und die Masse gleichmäßig auf dem Tortenboden verteilen. Im Ofen ca. 1 Stunde backen. Herausnehmen, abkühlen lassen, aus der Form lösen und auf einem Kuchengitter vollständig auskühlen lassen.

5 Für die Creme die Gelatine in kaltem Wasser einweichen. Die Heidelbeeren verlesen, waschen, trocken tupfen und mit dem Zucker pürieren. Die Gelatine ausdrücken, mit dem Kirschsaft erwärmen, auflösen und unter das Heidelbeerpüree rühren. Die Sahne steif schlagen und unterheben. Die Creme in einen Spritzbeutel mit breiter Tülle füllen und auf den Kuchen spritzen. Mit Puderzucker bestäuben.

Himbeertorte mit Frischkäse

Ein Traum in Rosarot!

Für den Boden

200 g Butterkekse
120 g Sanella
50 g gehackte Mandeln
1 EL Kakaopulver
100 g brauner Zucker

Für den Belag

300 g frische Himbeeren
(alternativ TK-Himbeeren)
300 g Quark
350 g Doppelrahmfrischkäse
1–2 EL Zitronensaft
80 g Puderzucker
3 Päckchen Sahnesteif | 200 ml Sahne
1 EL Vanillezucker | 2 EL Himbeergelee

Für 1 Springform (Ø 24 cm)
35 Min. Zubereitung | 2 Std. Kühlen

1 Eine Springform mit Backpapier auslegen.

2 Für den Boden die Kekse fein zerkrümeln. Die Sanella zerlassen und mit den Keksen, den Mandeln, dem Kakao und dem Zucker vermischen. Die Keksmasse in die Springform geben und flach drücken.

3 Für den Belag die Himbeeren verlesen, waschen und trocken tupfen. Den abgetropften Quark mit Frischkäse, Zitronensaft, Puderzucker und 2 Päckchen Sahnesteif cremig verrühren. Die Himbeeren unterziehen. Die Himbeercreme auf dem Boden verteilen, glatt streichen und abgedeckt für ca. 2 Stunden in den Kühlschrank stellen.

4 Die Sahne mit dem Vanillezucker und dem übrigen Sahnesteif steif schlagen. Die Masse in einen Spritzbeutel mit Sterntülle füllen und in Kreisen auf die Torte spritzen. Das Himbeergelee dekorativ darüberträufeln.

Himbeerherz

Symbolträchtiges für die Kaffeetafel – für ganz besondere Momente.

Für den Biskuitteig

5 Eier

100 g Zucker

2 EL Vanillezucker

abgeriebene Schale von
1 unbehandelten Zitrone

100 g Mehl

2 TL Backpulver

30 g Speisestärke

Für die Creme

500 g Himbeeren

10 Blatt weiße Gelatine

500 g Quark

250 g Joghurt

75 g Puderzucker

2 EL Vanillezucker

4 cl Orangenlikör

400 ml Sahne

2 Päckchen Sahnesteif

Für 1 Herzbackform (Ø 24 cm)

1 Std. Zubereitung

40 Min. Backen | 3 Std. Kühlen

1 Den Backofen auf 180 °C Umluft vorheizen. Die Herzform mit Backpapier auslegen.

2 Für den Teig die Eier trennen. Die Eiweiße mit 1 Esslöffel Zucker sehr steif schlagen. Die Eigelbe mit 4 Esslöffel heißem Wasser, dem restlichen Zucker, Vanillezucker und der Zitronenschale sehr schaumig rühren. Das Mehl, Backpulver und Stärke nach und nach mit dem Eischnee unter die Eigelbmasse heben.

3 Den Teig in die Springform füllen, glatt streichen, im Ofen 35–40 Minuten backen (Stäbchenprobe S. 18). Den Biskuit herausnehmen, abkühlen lassen, aus der Form nehmen, auf einem Kuchengitter auskühlen lassen, dann waagerecht halbieren.

4 Für die Creme die Himbeeren verlesen, waschen, trocken tupfen und 200 g Beeren fein pürieren. Die Gelatine in kaltem Wasser einweichen. Den Quark mit dem Joghurt, dem Himbeerpüree, dem Puderzucker und dem Vanillezucker glatt rühren.

5 Die Gelatine ausdrücken. In einem kleinen Topf bei niedriger Hitze mit dem Likör leicht erwärmen, schmelzen lassen und 2–3 Esslöffel der Creme einrühren. Die Mischung zügig unter die restliche Creme ziehen.

6 Die Sahne mit dem Sahnesteif steif schlagen, unter die Quarkcreme heben und ein Drittel davon auf den Tortenboden streichen. Den Biskuitdeckel darüberlegen und leicht andrücken. Mit der Hälfte der restlichen Creme rundherum bestreichen. In der Mitte etwas mehr Creme auftragen, damit das Herz plastisch wirkt. Die übrige Creme in einen Spritzbeutel mit gezackter Tülle füllen und Tupfen aufspritzen. Mit den restlichen Himbeeren belegen und mindestens 2 Stunden kalt stellen.

Gefrorener Heidelbeer-Käsekuchen

**Die kühle Schöne ist die ideale Begleitung
beim sommerlichen Nachmittagstee.**

Für den Boden

150 g Butterkekse

25 g gemahlene Mandeln

125 g Sanella

Für den Belag

1 kg Heidelbeeren

4 Eier

4 cl Cassislikör

100 g Zucker

500 g Frischkäse

400 ml Sahne

50 g Vanillezucker

1 unbehandelte Rosenblüte
zum Verzieren

Für 1 hohe Springform (Ø 22 cm)

45 Min. Zubereitung | 6 Std. Gefrieren

1 Eine Springform mit Backpapier auslegen.

2 Für den Boden die Butterkekse im Mixer zu Bröseln zerkleinern, mit den Mandeln und Sanella verkneten. Die Masse auf dem Boden der Springform verteilen und gut festdrücken. Kalt stellen.

3 Für den Belag die Heidelbeeren verlesen, waschen und trocken tupfen. Von den Beeren 200 g beiseitelegen und den Rest fein pürieren. Die Eier trennen. Die Eigelbe mit dem Likör und der Hälfte des Zuckers über einem heißen Wasserbad cremig schlagen. Vom Herd nehmen und unter Rühren abkühlen lassen. Dann den Frischkäse und die pürierten Heidelbeeren unterziehen.

4 Die Sahne steif schlagen, dabei nach und nach den restlichen Zucker und den Vanillezucker einrieseln lassen. Unter die Heidelbeercreme heben. Die Eiweiße steif schlagen und ebenfalls unterziehen.

5 Die Masse auf den Keksboden geben und die Torte 4 Stunden ins Gefrierfach stellen. Die restlichen Heidelbeeren auf dem Kuchen verteilen und mindestens weitere 2–3 Stunden gefrieren lassen. 20 Minuten vor dem Servieren aus dem Gefrierfach nehmen, aus der Springform lösen, das Papier abziehen und mit einer Rosenblüte dekorieren.

Battenburg Cake

Außen schlicht und elegant – aber innen, da wird's bunt!

5 Eier
125 g feiner Zucker
100 g Mehl
2 EL Speisestärke
rote Lebensmittelfarbe
100 g Aprikosenkonfitüre
50 g Rote-Johannisbeer-Gelee
500 g Marzipanrohmasse
4–5 EL Puderzucker zum Kneten

Für 1 quadratische Backform (22 x 22 cm)
45 Min. Zubereitung | 20 Min. Backen

1 Den Backofen auf 180 °C Ober- und Unterhitze vorheizen. Die Backform mit Backpapier auslegen. Aus Alufolie einen Trennstreifen falten und die Form in der Mitte damit unterteilen.

2 Für den Teig die Eier trennen. Die Eiweiße mit dem Zucker zu einem sehr steifen, glänzenden Eischnee schlagen. Die Eigelbe verquirlen und unter den Eischnee ziehen. Das Mehl mit der Stärke daraufsieben und ebenfalls unterziehen.

3 Eine Teighälfte mit Lebensmittelfarbe rosa färben. Die Teige jeweils in eine Hälfte der Form füllen, glatt streichen und im vorgeheizten Backofen 15–20 Minuten backen (Stäbchenprobe S. 18). Aus dem Ofen nehmen, den Kuchen aus der Form lösen und auf einem Kuchengitter auskühlen lassen.

4 Beide Kuchenhälften glatt schneiden, harte Krusten abschneiden. Die Kuchenstreifen jeweils längs halbieren. Die Konfitüre erwärmen und durch ein Sieb streichen. Mit dem Johannisbeergelee glatt rühren und die Kuchenstreifen damit jeweils rundherum bestreichen. Die Streifen zu einem Battenburg Cake zusammensetzen.

5 Das Marzipan mit dem Puderzucker verkneten und 5 mm dick zu einem Rechteck (22 x 40 cm) ausrollen. Den Battenburg Cake auf die Marzipanplatte setzen und darin einschlagen. Die Kanten leicht überlappen lassen, andrücken und glatt streichen. Nach Belieben auf der Oberseite mit dem Messer ein Muster einritzen.

Bunter Marmorkuchen

Der Kuchenklassiker geht mit der Mode und zaubert
poppiges 70er-Feeling auf den Kuchenteller.

Fett und Semmelbrösel für die Form
250 g weiche Sanella
250 g Zucker
5 Eier
350 g Mehl
1 TL Backpulver
2–3 EL Milch
1 Päckchen Vanillesaucenpulver
(zum Kochen)
1 EL Kakaopulver
½ Päckchen Götterspeisenpulver
(Himbeergeschmack)
2–3 EL Himbeerkonfitüre
Puderzucker zum Bestäuben

Für 1 Kastenform (30 cm Länge)
30 Min. Zubereitung | 50 Min. Backen

1 Den Backofen auf 180 °C Ober- und Unterhitze vorheizen. Die Kastenform einfetten und mit Semmelbröseln ausstreuen.

2 Sanella mit dem Zucker schaumig rühren. Die Eier nach und nach dazugeben. Das Mehl mit dem Backpulver und der Milch zügig unterrühren und zu einem glatten Teig vermengen. Den Teig dritteln und in jeweils eine Schüssel füllen. Je eine Teigmenge mit Vanillesaucen-, Kakao- und Götterspeisenpulver verrühren.

3 Zuerst den hellen Teig, darüber den braunen Teig und zum Schluss den rosa Teig in die Form füllen. Vorsichtig einen Löffel durch die Teigschichten ziehen und so die Marmorierung bilden.

4 Im Backofen ca. 50 Minuten backen (Stäbchenprobe S. 18). Nach 15 Minuten Backzeit den Kuchen mit einem Messer der Länge nach einschneiden und dann fertig backen.

5 Den Kuchen herausnehmen, kurz abkühlen lassen, aus der Form nehmen und auf einem Kuchengitter auskühlen lassen. Vor dem Servieren die Konfitüre längs und mittig auf den Kuchen streichen und mit Puderzucker bestäuben.

Schoko-Kuppeltorte mit Aprikosen

Unter der Kuppel verbergen sich fruchtige Schichten.

Für den Biskuitteig

4 Eier | 1 Prise Salz | 125 g Zucker
125 g Mehl | 20 g Stärke | Zucker zum Bestreuen

Für die Füllung

125 g Aprikosenkonfitüre | 1 EL Aprikosenlikör
5 Blatt Gelatine | 100 ml Orangensaft
150 g weiße Kuvertüre | 50 g Nugat (oder Haselnusscreme)
400 ml Sahne | 400 g reife Aprikosen, gewürfelt

Für die Verzierung

150 g Zartbitterkuvertüre | 2 EL Kokosflocken
1 TL Zuckerperlen

Für 1 Schüssel mit 1,5–2 l Inhalt
1 Std. Zubereitung | 15 Min. Backen | 4 Std. Kühlen

1 Den Ofen auf 180 °C Umluft vorheizen. Ein Backblech mit Backpapier auslegen. Mit den Zutaten einen Biskuitteig (Grundrezept S. 26) zubereiten, auf ein Blech streichen und 15 Minuten backen. Auf ein mit Zucker bestreutes Tuch stürzen, Papier entfernen.

2 Für die Füllung die Konfitüre mit dem Likör glatt rühren. Auf den Teig streichen und diesen in 2 cm breite Streifen schneiden. Gelatine in kaltem Wasser einweichen, ausdrücken und im erwärmten Orangensaft auflösen. Kuvertüre mit dem Nugat über einem heißen Wasserbad schmelzen. Orangensaft untermengen und unter Rühren abkühlen lassen.

3 Sahne steif schlagen und kalt stellen. Aprikosen unter die Schokolade mengen. Sobald die Schokolade fest wird, die Sahne unterheben. Eine Schüssel mit Frischhaltefolie auslegen und ein Viertel der Creme einfüllen, darauf Biskuitstreifen legen. Dann ein Drittel der übrigen Creme daraufgeben, wieder Biskuit und die restliche Creme. Mit Biskuit abschließen. Mindestens 4 Stunden kühl stellen.

4 Die Kuvertüre schmelzen. Die Kuppeltorte auf eine Platte stürzen, Folie abziehen und die Torte mit Schokolade überziehen. Mit Kokos und Zuckerperlen bestreuen und trocknen lassen.

Charlotte mit Weinschaumfüllung

Nur für Erwachsene: Die Füllung hat es in sich!

Für den Biskuitteig

4 Eigelb | 100 g Honig | Mark von 1 Vanilleschote
3 EL Wasser | 4 Eiweiß | 1 Prise Salz | 80 g Mehl
40 g fein gemahlener Buchweizen
250 g Brombeer- oder andere Konfitüre

Für die Füllung

6 Blatt weiße Gelatine | 3 Eigelb | 80 g Honig
abgeriebene Schale und Saft von ½ unbehandelten Zitrone
200 ml trockener Weißwein | 2 EL Cognac
3 Eiweiß | 400 ml Sahne | 250 g Weintrauben

Für 1 Schüssel (Ø 25 cm) | 1 Std. 30 Min. Zubereitung
12 Min. Backen | 4 Std. Kühlen

1 Den Ofen auf 200 °C Umluft vorheizen. Ein Backblech mit Backpapier auslegen, am Rand hochfalzen.

2 Mit den angegebenen Zutaten, außer der Konfitüre, einen Biskuitteig (Grundrezept S. 26) zubereiten, auf dem Backblech verteilen und ca. 12 Minuten backen. Dann auf ein mit Zucker bestreutes Tuch stürzen, Papier entfernen und den Biskuit mit Konfitüre bestreichen. Die Platte mithilfe des Tuchs aufrollen und auskühlen lassen.

3 Für die Füllung die Gelatine in kaltem Wasser einweichen. Eigelbe mit dem Honig, Zitronenschale, -saft und Weißwein schaumig schlagen. Die Gelatine gut ausdrücken und bei niedriger Hitze schmelzen. Etwas Eigelbmasse unterrühren, dann mit Cognac unter die Weincreme ziehen und kühl stellen. Die Eiweiße sehr steif schlagen. Von der Sahne 200 ml sehr steif schlagen und beides unter die halbfeste Creme ziehen. Nochmals in den Kühlschrank stellen.

4 Die Biskuitrolle in 1 cm breite Scheiben schneiden und die Schüssel damit auskleiden. Die Creme einfüllen, glatt streichen und in den Kühlschrank stellen.

5 Vor dem Servieren die restliche Sahne steif schlagen und in einen Spritzbeutel mit Sterntülle füllen. Die Charlotte auf eine Platte stürzen, mit Sahne verzieren und mit Trauben garnieren.

Windbeutelschwäne

Schwanensee auf dem Kuchenteller: Eleganz pur.

Für den Brandteig

250 ml Milch

Salz

60 g Sanella

150 g Mehl

4 Eier

Für die Füllung

300 ml Sahne

2 EL Vanillezucker

Puderzucker zum Bestäuben

Für 8 Stück

50 Min. Zubereitung

20 Min. Backen

1 Den Backofen auf 200 °C Unter- und Oberhitze vorheizen. Ein Backblech mit Backpapier belegen.

2 Für den Teig mit den angegebenen Zutaten einen Brandteig zubereiten (Grundrezept S. 30). Dabei statt Wasser die Milch verwenden.

3 Den Teig in einen Spritzbeutel mit glatter Lochtülle füllen. Auf das Backblech 8 große Tupfen (Ø 4 cm) spritzen. Für Hals und Schwänzchen aus dem restlichen Teig 8 Gebilde in Form einer „2" spritzen. Anschließend im Ofen 15–20 Minuten goldbraun backen. Die Hälse und Schwänzchen etwas früher aus dem Ofen nehmen.

4 Die Backstücke auf einem Kuchengitter abkühlen lassen. Von den Kugeln einen kleinen Deckel abschneiden, wieder daraufsetzen und zusammen vollständig auskühlen lassen.

5 Die Deckel anschließend halbieren und als Flügel beiseitelegen.

6 Zum Füllen die Sahne mit dem Vanillezucker steif schlagen und in einen Spritzbeutel mit gezackter Tülle füllen. Die Hälfte der Sahne in die Schwanenkörper spritzen, jeweils eine gebackene „2" leicht schräg daraufsetzen, sodass ein kleines Schwänzchen übersteht und der geschwungene Hals aufragt. Mit der restlichen Schlagsahne bespritzen, seitlich die Flügel anlegen. Die Schwäne mit Puderzucker bestäubt servieren.

Saint-Honoré-Torte

Hohe Backkunst aus Frankreich.

Für den Boden

150 g Blätterteig (Zutaten und Zubereitung
½ Rezept Lauch-Quiche S. 84)

Für die Creme

3 Blatt Gelatine | 250 ml Milch

2 EL Zucker

½ Päckchen Vanillepuddingpulver

(zum Kochen)

200 ml Sahne

Für die Windbeutel

50 g Sanella

125 g Mehl

4 Eier

Für den Karamell

200 g Zucker

Für 1 Torte (Ø 28 cm)

1 Std. 45 Min. Zubereitung | 40 Min. Backen

1 Für den Boden den Blätterteig ausrollen und einen Kreis (Ø 28 cm) ausschneiden. Auf das Backblech legen, mit einer Gabel mehrmals einstechen und im Ofen in ca. 20 Minuten goldbraun backen. Auf einem Kuchengitter auskühlen lassen.

2 Für die Creme die Gelatine in kaltem Wasser einweichen. Von der Milch 175 ml mit dem Zucker in einem Topf zum Kochen bringen. Das Puddingpulver mit der restlichen Milch verrühren und zur heißen Milch geben. Unter Rühren einmal aufkochen lassen und vom Herd nehmen. Die ausgedrückte Gelatine einrühren, schmelzen und unter gelegentlichem Rühren abkühlen lassen.

3 Für die Windbeutel aus 250 ml Wasser, der Sanella, dem Mehl und den Eiern einen Brandteig zubereiten (Grundrezept S. 30).

4 Den Backofen auf 200 °C Unter- und Oberhitze vorheizen. Ein Backblech mit Backpapier belegen.

5 Den Teig in einen Spritzbeutel mit glatter Tülle füllen. Auf das Backblech 12–15 walnussgroße Windbeutel spritzen und im vorgeheizten Backofen ca. 15 Minuten backen. Auf einem Kuchengitter auskühlen lassen.

6 Für den Karamell den Zucker mit 80 ml Wasser in einem Topf goldbraun karamellisieren. Die Windbeutelchen auf Backpapier setzen. Den Karamell mit einem Löffel über die Bällchen gießen. Zügig arbeiten, da Karamell schnell fest wird. Abkühlen lassen.

7 Für die Creme die Sahne steif schlagen und unter den ausgekühlten Vanillepudding rühren. Die Masse in einen Spritzbeutel mit glatter Tülle füllen. Den Blätterteigboden gleichmäßig mit Cremetupfen bespritzen, dabei einen Rand freilassen. Die Windbeutelbällchen auf den Rand setzen, mit einem Tupfen der Creme „festkleben".

Fruchtige Profiteroles

Leckere Windbeutelchen mit beerig frischem Innenleben.

Für die Profiteroles

50 g Sanella

150 g Mehl | 1–2 EL Speisestärke

1 TL Backpulver | 4 Eier | 1 Prise Salz

Für die Füllung

300 g Erdbeeren | 150 g Mascarpone

100 g Quark | 2–3 EL Zucker

1 Msp. abgeriebene Schale

einer unbehandelten Zitrone

150 g Zartbitterschokolade

Puderzucker zum Bestäuben

Für 40 Stück

1 Std. Zubereitung

25 Min. Backen

2 Std. Kühlen

1 Für die Profiteroles mit den angegebenen Zutaten einen Brandteig zubereiten (Grundrezept S. 30). Mehl, Stärke und Backpulver zuvor mischen.

2 Den Backofen auf 200 °C Ober- und Unterhitze vorheizen. Ein Backblech mit Backpapier belegen.

3 Den Teig in einen Spritzbeutel mit großer Lochtülle geben und ca. 40 Tupfen (Ø 2 cm) auf das Backblech setzen.

4 Im Backofen 15–20 Minuten backen, herausnehmen, waagerecht halbieren, wieder zusammensetzen und auskühlen lassen.

5 Für die Füllung die Erdbeeren putzen, waschen, trocken tupfen und in kleine Stücke schneiden. Den Mascarpone mit dem Quark, dem Zucker und der Zitronenschale gut verrühren und die Erdbeeren unterheben. Die Profiteroles damit füllen und wieder zusammensetzen.

6 Die Schokolade im Wasserbad schmelzen und die Profiteroles damit bestreichen. Mindestens 1 Stunde kalt stellen. Mit Puderzucker bestäubt servieren.

Cake Pops

Da freuen sich alle kleinen und großen Prinzessinnen!

Für den Rührteig
Fett für die Form
175 g weiche Sanella
150 g Zucker
1 EL Vanillezucker | 3 Eier
4 EL Milch | 275 g Mehl
1 TL Backpulver
100 g Frischkäse
50 g Puderzucker

Für die Verzierung
250 g Puderzucker
2–3 EL Himbeersaft
Zuckerperlen und -herzen
nach Belieben

Für 40 Stück
45 Min. Zubereitung
40 Min. Backen
2 Std. Kühlen

1 Den Backofen auf 180 °C Ober- und Unterhitze vorheizen. Eine Kastenform einfetten.

2 Mit 150 g Sanella und den weiteren Zutaten einen Rührteig (Grundrezept S. 22) zubereiten. Den Teig in die Form füllen und im Ofen 35–40 Minuten backen. Aus dem Ofen nehmen, kurz abkühlen lassen, auf ein Kuchengitter stürzen und dort vollständig auskühlen lassen.

3 Den Kuchenteig zerbröseln. Den Frischkäse mit der restlichen Sanella und dem Puderzucker schaumig schlagen. Mit den Kuchenkrümeln verkneten. Aus der Masse kleine Kugeln (Ø 2 cm) formen. Auf Holzspießchen stecken und 30 Minuten kalt stellen.

4 Für die Verzierung den Puderzucker mit dem Himbeersaft zu einem dickflüssigen Guss verrühren, die Cake Pops hineintauchen. Nach Belieben mit Perlen verzieren und trocknen lassen. Zum besseren Halt in Schälchen mit Zucker stecken.

herzhaft

Blätterteigherzen mit Zucchini und Champignons

Auf herzigem Grund schmeckt das Gemüse doppelt so lecker!

Für den Blätterteig
(alternativ 400 g TK-Blätterteig)
140 g Mehl
1 Prise Salz
80 ml Wasser
15 g weiche Butter
140 g kalte Butter
Mehl für die Arbeitsfläche

Für den Belag
120 g Ziegenkäse, gerieben
2 kleine Zucchini
200 g Champignons
1 EL getrocknete Kräuter
(z. B. Oregano, Thymian, Rosmarin)
Salz
Chiliflocken
1–2 EL Olivenöl
frisch gemahlener Pfeffer

Für 4 Personen
2 Std. Zubereitung Blätterteig
30 Min. Zubereitung Herzen
25 Min. Backen

1 Den Blätterteig mit den angegebenen Zutaten zubereiten (Grundrezept S. 34). Wird TK-Blätterteig verwendet, diesen auftauen lassen.

2 Den Backofen auf 200 °C Ober- und Unterhitze vorheizen. Ein Backblech mit Backpapier belegen.

3 Den Blätterteig auf einer bemehlten Arbeitsfläche dünn ausrollen und 4 Herzen ausschneiden (Ø 15 cm). Auf das Backblech legen, mit dem Ziegenkäse bestreuen, dabei einen Rand von 1 cm frei lassen.

4 Die Zucchini putzen, waschen und in dünne Scheiben schneiden. Die Champignons putzen und ebenfalls in Scheiben schneiden. Beides auf den Herzen verteilen. Mit Kräutern, Salz und Chiliflocken bestreuen. Olivenöl darüberträufeln und in 20–25 Minuten knusprig backen. Vor dem Servieren mit Pfeffer bestreuen.

Tipp

Wenn Sie den Blätterteig frisch zubereiten möchten, nehmen Sie am besten die Zutaten für die gesamte im Grundrezept angegebene Menge Blätterteig (700 g). Damit gelingt der Teig besser. Sie können den übrigen Teig zu weiteren Blätterteigherzen verarbeiten und dafür mehr von den restlichen Zutaten dieses Rezepts verwenden. Oder Sie versuchen ein anderes Blätterteigrezept aus diesem Buch oder frieren den Teig ein.

Käse-Zwiebel-Tarte mit Rosmarin

Deftiger Zwiebelgenuss: gerade richtig für kühle Herbstabende.

Für den Blätterteig
(alternativ 400 g TK-Blätterteig)
140 g Mehl
1 Prise Salz
80 ml Wasser
15 g weiche Butter
140 g kalte Butter
Mehl für die Arbeitsfläche

Für den Belag
1 große rote Zwiebel
2 Knoblauchzehen
150 g Crème fraîche
Salz
frisch gemahlener Pfeffer
2–3 TL Zitronensaft
100 g Weichkäse (z. B. Brie)
1 Zweig Rosmarin
2–3 EL Milch

Für 1 Backblech
30 Min. Zubereitung Tarte
2 Std. Zubereitung Blätterteig
40 Min. Backen

1 Den Blätterteig mit den angegebenen Zutaten zubereiten (Grundrezept S. 34). Wird TK-Blätterteig verwendet, diesen auftauen lassen.

2 Den Backofen auf 200 °C Ober- und Unterhitze vorheizen. Ein Backblech mit Backpapier belegen.

3 Den Blätterteig auf einer bemehlten Arbeitsfläche etwas größer als das Backblech ausrollen. Den Teig auf das Blech legen und mit einem Messer einen Rand von ca. 2 cm einritzen und hochziehen.

4 Für den Belag die Zwiebel schälen, längs halbieren und in dünne Ringe schneiden. Den Knoblauch schälen und in die Crème fraîche pressen. Die Masse mit Salz, Pfeffer und Zitronensaft abschmecken und auf den Teig streichen.

5 Den Weichkäse in dünne Scheiben schneiden und darüberlegen. Die Zwiebelringe auf der Tarte verteilen. Den Rosmarin waschen, trocken schütteln, die Nadeln abzupfen und ebenfalls auf die Tarte geben. Den Teigrand mit Milch bestreichen und die Tarte im Ofen in 30–40 Minuten goldbraun backen.

Tipp
Wenn Sie den Blätterteig frisch zubereiten möchten, nehmen Sie am besten die Zutaten für die gesamte im Grundrezept angegebene Menge Blätterteig (700 g). Damit gelingt der Teig besser. Sie können den übrigen Teig zu einem anderen Blätterteigrezept aus diesem Buch verarbeiten oder einfrieren.

Blätterteigküchlein mit Birnen-Roquefort-Füllung

Zart schmelzender Käse trifft delikate Frucht: ein Hochgenuss!

Für den Blätterteig

(alternativ 300 g TK-Blätterteig)

110 g Mehl

1 Prise Salz

60 ml Wasser

15 g weiche Butter

110 g kalte Butter

Mehl für die Arbeitsfläche

Für den Belag

2 reife Birnen

300 ml Holunderbeersaft

200 g Roquefort

250 g Quark | Salz

frisch gemahlener Pfeffer

frisch geriebene Muskatnuss

1 Eigelb

Für 4 Personen

2 Std. Zubereitung Blätterteig

45 Min. Zubereitung Küchlein

25 Min. Backen

1 Den Blätterteig mit den angegebenen Zutaten zubereiten (Grundrezept S. 34). Wird TK-Blätterteig verwendet, diesen auftauen lassen.

2 Den Backofen auf 200 °C Ober- und Unterhitze vorheizen. Ein Backblech mit Backpapier belegen.

3 Für den Belag die Birnen schälen, längs halbieren und die Kerngehäuse entfernen. Den Holunderbeersaft in einen Topf geben, aufkochen lassen, die Birnen hineinlegen und 5 Minuten bei schwacher Hitze zugedeckt köcheln lassen. Die Birnen her-

ausnehmen, abtropfen lassen und fächerartig aufschneiden. Sie sollten am Stielansatz noch zusammenhalten.

4 Den Roquefort mit einer Gabel zerdrücken, den Quark unterrühren und mit Salz, Pfeffer und Muskat abschmecken.

5 Den Blätterteig auf einer bemehlten Arbeitsfläche dünn ausrollen und 4 Quadrate (10 cm Kantenlänge) ausschneiden. Aus dem übrigen Teig 1 cm breite Streifen schneiden. Das Eigelb verquirlen, auf den Rand der Teigquadrate streichen und die Teigstreifen als Rand daraufkleben. Den neuen Rand ebenfalls mit Eigelb bestreichen.

6 Die Küchlein auf ein Backblech setzen und im vorgeheizten Backofen 10 Minuten backen. Dann die Käsemischung darauf verteilen, je 1 Birnenhälfte fächerartig darauflegen und etwas andrücken. Die Blätterteigküchlein wieder in den Backofen geben und in ca. 15 Minuten goldbraun backen.

Tipp

Wenn Sie den Blätterteig frisch zubereiten möchten, nehmen Sie am besten die Zutaten für die gesamte im Grundrezept angegebene Menge Blätterteig (700 g). Damit gelingt der Teig besser. Sie können den übrigen Teig zu einem anderen Blätterteigrezept aus diesem Buch verarbeiten oder einfrieren.

Spargel-Quiche

**Setzen Sie den herben Spargel in eine feine Umgebung.
Heraus kommt ein großes Geschmackserlebnis.**

Für den Mürbeteig

250 g Mehl

125 g weiche Sanella

1 Ei | 1 Eigelb

1 Prise Salz

Olivenöl für die Form

Mehl für die Arbeitsfläche

Für den Belag

500 g grüner Spargel

Salz

400 g Ricotta

3 Eier

100 g Parmesan, gerieben

frisch gemahlener Pfeffer

frisch geriebene Muskatnuss

Für 1 Auflaufform (22 x 22 cm)

30 Min. Zubereitung

30 Min. Kühlen

45 Min. Backen

1 Das Mehl mit Sanella, Ei, Eigelb, ca. 80 ml Wasser und Salz zu einem glatten Mürbeteig verkneten (Grundrezept S. 24). Zu einer Kugel formen, in Frischhaltefolie wickeln und 30 Minuten im Kühlschrank ruhen lassen.

2 Den Backofen auf 180 °C Umluft vorheizen. Die Auflaufform einfetten.

3 Für den Belag den Spargel waschen, Enden abschneiden und nur das untere Drittel schälen. Nach Belieben ganz lassen oder in Stücke schneiden. In kochendem Salzwasser ca. 3 Minuten garen, herausnehmen, abschrecken und abtropfen lassen.

4 Ricotta, Eier und Parmesan mischen, mit Salz, Pfeffer und Muskat würzen.

5 Den Teig auf einer bemehlten Arbeitsfläche in Größe der Tarteform ausrollen. Die Form mit dem Teig auskleiden.

6 Die Spargelstangen nebeneinander darauflegen und die Ricottamasse darüber verteilen. Die Tarte im Ofen in ca. 45 Minuten goldbraun backen.

Lauch-Quiche

**Veredelt mit reifem Käse und feinen Kräutern –
da freut sich das grüne Gemüse!**

Für den Blätterteig

(alternativ 300 g TK-Blätterteig)
110 g Mehl
1 Prise Salz
60 ml Wasser
15 g weiche Butter
110 g kalte Butter
Mehl für die Arbeitsfläche
Fett für die Form

Für den Belag
800 g Lauch
Salz
4 EL Crème fraîche
frisch gemahlener Pfeffer
1 TL frisch gehackte Thymianblättchen
150 g Gorgonzola

Für 2 Backformen (à 15 x 25 cm)
2 Std. Zubereitung Blätterteig
30 Min. Zubereitung Quiche
30 Min. Backen

1 Den Blätterteig mit den angegebenen Zutaten zubereiten (Grundrezept S. 34). Wird TK-Blätterteig verwendet, diesen auftauen lassen.

2 Den Blätterteig halbieren. Jede Hälfte auf einer bemehlten Arbeitsfläche in der Größe der Formen ausrollen.Mit dem Teig die eingefetteten Formen auslegen.

3 Den Backofen auf 200 °C Umluft vorheizen.

4 Für den Belag den Lauch putzen, in 20 cm lange Stücke schneiden und längs aufschneiden. Gründlich waschen. In kochendem Salzwasser ca. 3 Minuten blanchieren, anschließend abtropfen lassen.

5 Die Crème fraîche auf die Böden der Quiches streichen, dabei einen 1 cm breiten Rand frei lassen. Pfeffer darübermahlen und mit Thymian bestreuen.

6 Den Gorgonzola in Streifen schneiden oder zerbröseln und etwa die Hälfte davon ebenfalls auf den Böden verteilen. Die Lauchstangen darauflegen, mit dem übrigen Käse belegen. Im vorgeheizten Ofen in 25–30 Minuten goldbraun backen.

Tipp
Wenn Sie den Blätterteig frisch zubereiten möchten, nehmen Sie am besten die Zutaten für die gesamte im Grundrezept angegebene Menge Blätterteig (700 g). Damit gelingt der Teig besser. Sie können den übrigen Teig dann für ein anderes Rezept aus diesem Buch verwenden oder einfrieren.

Lachs-Quiche

Diese leckere Quiche ist der Star bei jedem Büfett.

Für den Mürbeteig

250 g Mehl

1 Prise Salz

125 g kalte Sanella

1 Ei

Fett für die Form

Mehl für die Arbeitsfläche

Für den Belag

250 g Räucherlachs (in Scheiben)

1 Zwiebel

1 EL Butter

4 Eier

300 ml Sahne

4 EL Schnittlauchröllchen

100 g Gruyère, frisch gerieben

Salz

frisch gemahlener Pfeffer

Für 1 Auflaufform (15 x 25 cm)

40 Min. Zubereitung

30 Min. Kühlen

35 Min. Backen

1 Mit den angegebenen Zutaten einen Mürbeteig zubereiten (Grundrezept S. 24). Den Teig zu einer Kugel formen, in Frischhaltefolie wickeln und 30 Minuten im Kühlschrank ruhen lassen.

2 Den Ofen auf 180 °C Ober- und Unterhitze vorheizen. Die Backform einfetten.

3 Für den Belag die Lachsscheiben in schmale Streifen schneiden. Die Zwiebel schälen, fein hacken und in heißer Butter anschwitzen. Die Eier mit der Sahne verquirlen. Die Zwiebelwürfel, die Hälfte des Schnittlauchs, den Lachs und den Käse untermischen. Die Masse mit Salz und Pfeffer würzen.

4 Den Teig auf einer bemehlten Arbeitsfläche ausrollen und eine große oder zwei kleine Formen mit höherem Rand damit auskleiden.

5 Die Lachsmischung auf dem Teigboden verteilen, mit dem restlichen Schnittlauch bestreuen und in ca. 40 Minuten im Ofen goldbraun backen.

Eier-Tarte

Eier in neuem Gewand: als schmackhafte Verzierung auf einer klassischen Tarte.

400 g Blätterteig (Zutaten und Zubereitung
s. Blätterteigherzen S. 76)
Mehl für die Arbeitsfläche
Fett für die Form | Hülsenfrüchte zum Blindbacken
30 g Mehl | 30 g Sanella | 500 ml Milch
Salz | frisch gemahlener Pfeffer
frisch geriebene Muskatnuss | Worcestersauce
2 Eigelb | 60 g Emmentaler, gerieben
1 Kästchen Kresse | 1 Handvoll Schnittlauchröllchen
4 EL Weißweinessig | 6 Eier

Für 1 Tarteform (Ø 26 cm) | 2 Std. Zubereitung
Blätterteig | 45 Min. Zubereitung Tarte
35 Min. Backen

1 Den Backofen auf 200 °C Ober- und Unterhitze vorheizen. Teig auf einer bemehlten Arbeitsfläche in Größe der Tarteform ausrollen. Die eingefettete Form damit auskleiden, mit Backpapier und Hülsenfrüchten belegen. Im Ofen 25 Minuten blindbacken.

2 Mehl in der Sanella anschwitzen, mit Milch aufgießen und unter ständigem Rühren 5 Minuten köcheln lassen. Mit Salz, Pfeffer, Muskat und einigen Spritzern Worcestersauce würzen. Abkühlen lassen, Eigelbe und Käse darunterrühren.

3 Kresse abschneiden, waschen und trocken tupfen. Die Hälfte mit dem Schnittlauch unter die Eier-Käse-Masse rühren. Die Tarte aus den Ofen nehmen, Hülsenfrüchte und Backpapier entfernen. Die Sauce auf die Tarte gießen, ca. weitere 10 Minuten backen.

4 Den Essig mit 2 l Wasser aufkochen. Die Eier nacheinander vorsichtig in einen Schöpflöffel schlagen und in das simmernde Wasser gleiten lassen. Bei schwacher Hitze 5 Minuten ziehen lassen. Eier mit dem Schaumlöffel herausnehmen, gut abtropfen lassen und auf die heiße Tarte setzen. Mit der übrigen Kresse, Salz und Pfeffer bestreuen.

Tomaten-Zwiebel-Tarte

Dem feurigen Kuchen fehlt zu seinem Glück noch ein Gläschen Wein.

Für den Mürbeteig

220 g Mehl | 100 g Sanella
½ TL Salz | 1 Ei
Mehl für die Arbeitsfläche

Für die Füllung

500 g Cocktailtomaten | 2 Zwiebeln | 200 g Schmand
50 g Ziegenfrischkäse | 2 Eier | Salz
½ EL frisch gehackter Thymian
frisch gemahlener Pfeffer | 2 EL Olivenöl

Für 1 Tarteform (Ø 24 cm)
50 Min. Zubereitung | 30 Min. Kühlen
40 Min. Backen

1 Das Mehl mit Sanella, Salz und Ei zu einem Mürbeteig verkneten (Grundrezept S. 24), in Frischhaltefolie wickeln und den Teig 30 Minuten im Kühlschrank ruhen lassen.

2 Den Backofen auf 180 °C Ober- und Unterhitze vorheizen. Die Tarteform mit Backpapier belegen.

3 Für die Füllung die Tomaten waschen und trocken tupfen. Die Zwiebeln schälen, dann in dünne Ringe schneiden. Den Schmand mit dem Frischkäse, den Eiern, Salz, Thymian und Pfeffer verrühren.

4 Den Teig auf einer bemehlten Arbeitsfläche 1 cm dick ausrollen und mit einem Teigrädchen einen Kreis von 32 cm Ø ausschneiden. Den Teig in die Tarteform legen, dabei einen Rand von 3 cm hochziehen. Den Boden mehrfach mit einer Gabel einstechen. Zuerst die Schmandcreme und dann die Tomaten auf den Teig geben. Die Zwiebelringe mit dem Olivenöl beträufeln und auf die Tomaten legen. Die Tarte im Ofen in 30–40 Minuten goldbraun backen.

5 Kurz abkühlen lassen, aus der Form lösen und auf einem Kuchengitter auskühlen lassen.

Rote-Zwiebel-Tarte

Die Oliven geben der Tarte den ultimativen mediterranen Touch.

Für den Blätterteig
(alternativ 400 g TK-Blätterteig)
140 g Mehl
1 Prise Salz
80 ml Wasser
15 g weiche Butter
140 g kalte Butter
Mehl für die Arbeitsfläche

Für den Belag
8 rote Zwiebeln
250 g stückige Tomaten (aus der Dose)
Salz
frisch gemahlener Pfeffer
1 Eigelb
50 g entsteinte schwarze Oliven
2 EL Kapern
200 g Ziegenkäse, gerieben
1 EL Thymianblättchen

Für 4 Personen
2 Std. Zubereitung Blätterteig
30 Min. Zubereitung Tarte
40 Min. Backen pro Backblech

1 Den Blätterteig mit den angegebenen Zutaten zubereiten (Grundrezept S. 34). Wird TK-Blätterteig verwendet, diesen auftauen lassen.

2 Den Backofen auf 200 °C Umluft vorheizen. Zwei Backbleche mit Backpapier auslegen.

3 Für den Belag die Zwiebeln schälen und in Spalten schneiden. Die Tomaten mit Salz und Pfeffer würzen.

4 Den Teig auf einer bemehlten Arbeitsfläche ausrollen und 4 Teigkreise (Ø 22 cm) ausschneiden. Auf zwei Backblechen verteilen.

5 Die Tomaten auf den Teigkreisen verteilen, dabei einen Rand von 1–2 cm unbelegt lassen. Das Eigelb mit 1–2 Esslöffeln Wasser verrühren und auf den Rand streichen. Die Zwiebeln auf den Tartes verteilen, zuletzt mit den Oliven, den Kapern und dem Ziegenkäse bestreuen. Im vorgeheizten Ofen in ca. 40 Minuten goldbraun backen. Mit Thymianblättchen bestreut servieren.

Tipp
Wenn Sie den Blätterteig frisch zubereiten möchten, nehmen Sie am besten die Zutaten für die gesamte im Grundrezept angegebene Menge Blätterteig (700 g). Damit gelingt der Teig besser. Sie können den übrigen Teig zu einem anderen Blätterteigrezept aus diesem Buch verarbeiten oder einfrieren.

Kartoffelhörnchen mit Schafskäsefüllung

Leckere Begleiter bei einem geselligen Abend.

Für den Teig

800 g mehligkochende Kartoffeln

Salz

125 g Sanella, gewürfelt

1 Ei

400 g Mehl, bei Bedarf mehr

1 TL Backpulver

frisch gemahlener Pfeffer

Mehl für die Arbeitsfläche

Für die Füllung

200 g Schafskäse (Feta)

1 Knoblauchzehe

2 EL frisch gehackte Petersilie

2 EL Olivenöl

2 Eigelb zum Bestreichen

Sesamsamen zum Bestreuen

Für 20–24 Hörnchen

45 Min. Zubereitung

55 Min. Garen / Backen

1 Die Kartoffeln schälen, ca. 30 Minuten in Salzwasser gar kochen, abgießen und durch die Kartoffelpresse drücken.

2 Sanella, Ei, Mehl, Backpulver, Salz und Pfeffer zu den Kartoffeln geben und alles zu einem Teig verkneten. So viel Mehl einarbeiten, bis ein fester, formbarer Teig entsteht. Den Teig halbieren und jede Hälfte auf einer bemehlten Arbeitsfläche 5 mm dick ausrollen. Jede Teigplatte mit einem Messer in 10–12 Dreiecke schneiden.

3 Den Backofen auf 200 °C Umluft vorheizen. Ein Backblech mit Backpapier auslegen.

4 Für die Füllung den Schafskäse zerkrümeln. Den Knoblauch schälen, fein hacken und mit der Petersilie, dem Käse und dem Öl vermengen. Je 1–2 Teelöffel der Füllung auf die breite Seite der Dreiecke geben und zu Hörnchen aufrollen.

5 Die Eigelbe mit 2 Esslöffeln Wasser verrühren, die Hörnchen damit bestreichen und mit Sesam bestreuen. Auf das Backblech legen und im Ofen in 20–25 Minuten goldbraun backen.

Schinken-Rucola-Hörnchen

Mediterrane Füllung in feiner Hülle: schmeckt nach Urlaub!

Für den Blätterteig

(alternativ 450 g TK-Blätterteig)

160 g Mehl

1 Prise Salz

100 ml Wasser

15 g weiche Butter

160 g kalte Butter

Mehl für die Arbeitsfläche

Für die Füllung

150 g Serrano- oder Parmaschinken

1 Schalotte

2 Handvoll Rucola

1 EL Olivenöl

100 g Ricotta

1 EL geriebener Parmesan

Salz

frisch gemahlener Pfeffer

1 Eigelb zum Bestreichen

2 EL Milch zum Bestreichen

Für 15 Stück

50 Min. Zubereitung Hörnchen

2 Std. Zubereitung Blätterteig

25 Min. Backen

1 Den Blätterteig mit den angegebenen Zutaten zubereiten (Grundrezept S. 34). Wird TK-Blätterteig verwendet, diesen auftauen lassen.

2 Für die Füllung den Schinken klein schneiden. Die Schalotte schälen und fein würfeln. Den Rucola verlesen, waschen, trocken schleudern und grob hacken. Das Öl in einer Pfanne erhitzen. Die Schalottenwürfel und den Rucola darin unter Rühren kurz anschwitzen. Den Schinken dazugeben, umrühren und die Masse etwas abkühlen lassen.

3 Den Ofen auf 180 °C Ober- und Unterhitze vorheizen. Zwei Backbleche mit Backpapier belegen.

4 Den Ricotta mit der Rucola-Schinken-Mischung sowie dem Parmesan verrühren und mit Salz und Pfeffer würzen.

5 Den Blätterteig in 5 Teile teilen. Jedes Stück auf einer bemehlten Arbeitsfläche zu einem Rechteck von 12 x 24 cm ausrollen. Aus jedem Rechteck drei Dreiecke schneiden (wie Tortenstücke). Jeweils 1 gehäuften Teelöffel Füllung in die Mitte geben und zu Hörnchen aufrollen. Die Hörnchen auf die Backbleche setzen.

6 Das Eigelb mit der Milch verrühren und die Hörnchen damit bestreichen. Im Ofen in 20–25 Minuten goldbraun backen.

Tipp

Wenn Sie den Blätterteig frisch zubereiten möchten, nehmen Sie am besten die Zutaten für die gesamte im Grundrezept angegebene Menge Blätterteig (700 g). Damit gelingt der Teig besser. Sie können den übrigen Teig dann für ein anderes Rezept aus diesem Buch verwenden oder einfrieren.

Kleine Gemüsetartes

Richtig gesundes Fingerfood für die nächste Party.

Für den Mürbeteig

200 g Sanella

300 g Mehl

½ TL Salz | 1 Ei

Mehl für die Arbeitsfläche

Hülsenfrüchte zum Blindbacken

Für die Füllung

600 g gemischtes Gemüse
(grüne Bohnen, Zuckerschoten,
Möhren, Tomaten, Paprika, Zucchini)

Salz | 2 EL Olivenöl

frisch gemahlener Pfeffer

1 TL gehackte Thymianblättchen

Sojasauce

Für 8 Tartelette-Förmchen (Ø 10 cm)

30 Min. Zubereitung

30 Min. Kühlen

10 Min. Backen

1 Für den Teig die Sanella in kleine Stückchen schneiden. Zusammen mit dem Mehl, dem Salz, dem Ei und 2 Esslöffeln kaltem Wasser rasch zu einem glatten Mürbeteig kneten. Den Teig zu einer Kugel formen, in Frischhaltefolie wickeln und 30 Minuten im Kühlschrank ruhen lassen.

2 Den Backofen auf 200 °C Ober-und Unterhitze vorheizen.

3 Den Teig auf einer bemehlten Arbeitsfläche ausrollen und die Tartelette-Förmchen damit auskleiden. Den Teig über den Rand hängen lassen. Aus Backpapier acht Kreise in Größe der Förmchen zuschneiden. Jedes Förmchen mit Backpapier und Hülsenfrüchten belegen. Den Teig im Ofen 10 Minuten blindbacken.

4 Das Gemüse waschen, putzen, bei Bedarf schälen und in mundgerechte Stücke schneiden. Bohnen, Zuckerschoten und Möhren in kochendem Salzwasser 3–4 Minuten bissfest blanchieren. Anschließend abgießen und mit den Tomaten, Paprika sowie den Zucchini im Öl kurz und kräftig anbraten. Mit Salz, Pfeffer, Thymian und Sojasauce würzen.

5 Die Tartelettes aus dem Ofen nehmen. Das Backpapier und die Erbsen entfernen. Das Gemüse in die Törtchen füllen und noch warm servieren.

Bunte Grissini

Wer sagt denn, dass Grissini nicht mal farbig sein dürfen?

30 g frische Hefe
300 ml Milch
½ TL Zucker
600 g Mehl
2 TL Salz
2 Zweige Rosmarin
3 Zweige Thymian
2–3 EL Tomatenmark
2–3 EL fein geriebener Parmesan
Mehl für die Arbeitsfläche
2–3 EL Olivenöl

Für 8 Personen
30 Min. Zubereitung
1 Std. 45 Min. Ruhen
15 Min. Backen

1 Aus Hefe, Milch, Zucker, Mehl und Salz einen Hefeteig zubereiten (Grundrezept S. 28).

2 Die Kräuter waschen, trocken schütteln, die Nadeln bzw. Blättchen von den Stielen zupfen und fein hacken.

3 Den Teig in 3 Teile teilen. Bei einem Teigdrittel das Tomatenmark unterkneten. In das zweite Drittel die gehackten Kräuter einarbeiten. Dem dritten Teil den Parmesan beimengen. Alle drei Teige zudecken und weitere 30 Minuten gehen lassen.

4 Den Backofen auf 180 °C Ober- und Unterhitze vorheizen. Ein oder zwei Backbleche mit Backpapier belegen.

5 Die Teige jeweils auf einer bemehlten Arbeitsfläche 3–4 mm dünn ausrollen und mit einem Messer in 1 cm breite Streifen schneiden. Die Streifen mit der flachen Hand zu Grissini eindrehen und diese vorsichtig auf das Backblech legen. Mit etwas Olivenöl bestreichen und im vorgeheizten Backofen ca. 15 Minuten backen. Abkühlen lassen und mit einem Dip servieren (siehe Tipp).

Tipp
Als Dip können Sie einen Kräuterquark dazu servieren. Dafür 250 g Quark mit 2 Esslöffeln Milch glatt rühren. Zwei Lauchzwiebeln putzen, waschen und in kleine Ringe schneiden. Zusammen mit je 1 Esslöffel gehackter Petersilie und Schnittlauchröllchen unter die Quarkmasse rühren. Mit Salz und Pfeffer abschmecken. Wer es pikanter mag, gibt noch ein wenig rosenscharfes Paprikapulver dazu.

Rosenkuchen mit Schinken

Der Kuchenklassiker zeigt hier, dass er auch anders kann: nämlich ganz schön deftig!

Für den Blätterteig
(alternativ 450 g TK-Blätterteig)
160 g Mehl | 1 Prise Salz
100 ml Wasser
15 g weiche Butter
160 g kalte Butter
Fett für die Form
Mehl für die Arbeitsfläche

Für die Füllung
6–8 Frühlingszwiebeln
1–2 EL Schmand
150 g Schinken, in dünne
Scheiben geschnitten
(z. B. Parmaschinken)
3 EL Sesamsamen

Für 1 Springform (Ø 26 cm)
2 Std. Zubereitung Blätterteig
50 Min. Zubereitung Kuchen
30 Min. Backen

1 Den Blätterteig mit den angegebenen Zutaten (Grundrezept S. 34) zubereiten. Wird TK-Blätterteig verwendet, diesen auftauen lassen.

2 Den Backofen auf 180 °C Umluft vorheizen. Eine Springform einfetten.

3 Den Blätterteig auf einer bemehlten Arbeitsfläche zu einem 4 mm dünnen, länglichen Rechteck ausrollen.

4 Für die Füllung die Frühlingszwiebeln putzen, waschen und schräg in dünne Ringe schneiden.

5 Den Schmand auf den Teig streichen, den Schinken darübergeben, mit Frühlingszwiebeln sowie 1 Esslöffel Sesam bestreuen und von der Längsseite her locker aufrollen. Dann quer in 2 cm dicke Scheiben schneiden und alle Rollen dicht nebeneinander in die Springform setzen.

6 Im Ofen in 25–30 Minuten goldbraun backen. Mit dem übrigen Sesam bestreut servieren.

Tipp
Wenn Sie den Blätterteig frisch zubereiten möchten, nehmen Sie am besten die Zutaten für die gesamte im Grundrezept angegebene Menge Blätterteig (700 g). Damit gelingt der Teig besser. Sie können den übrigen Teig dann für ein anderes Rezept aus diesem Buch verwenden oder einfrieren.

Ziegenkäse-Scones mit getrockneten Tomaten

Kühler Brite meets feurige Italienerin: Was für ein Glück, dass die beiden sich getroffen haben!

250 g Mehl
½ TL Salz
1 TL Zucker
1 EL Backpulver
½ TL Natron
20 g Sanella
100 g Ziegenfrischkäse
2 EL fein gehackte
getrocknete Tomaten
1 EL fein gehackter Rosmarin
ca. 100 ml Milch
Mehl für die Arbeitsfläche
Milch zum Bestreichen

Für ca. 12 Stück
50 Min. Zubereitung
35 Min. Ruhen
15 Min. Backen

1 Mehl, Salz, Zucker, Backpulver und Natron in einer Schüssel vermischen. Sanella, Frischkäse, Tomaten und Rosmarin dazurühren. Nach und nach so viel Milch zugeben, bis ein glatter, fester Teig entsteht. Teig zu einer Kugel formen und in Frischhaltefolie 30 Minuten im Kühlschrank ruhen lassen.

2 Den Backofen auf 200 °C Umluft vorheizen. Ein Backblech mit Backpapier auslegen.

3 Den Teig auf einer bemehlten Arbeitsfläche 2 cm dick ausrollen. Mit Ausstechformen ca. 12 verschieden große Kreise ausstechen. Die Kreise auf ein Backblech setzen und 5 Minuten ruhen lassen.

4 Die Scones mit etwas Milch bestreichen und 10–15 Minuten backen, bis sie etwas Farbe angenommen haben.

Brioche mit Lachs

Sehr delikate Füllung in luftig-lockerem Hefegebäck.

Für die Brioches
250 g Mehl
10 g frische Hefe
120 g weiche Sanella
2 TL Zucker
1 TL Salz | 3 Eier
Mehl für die Arbeitsfläche
2 Eigelb

Für die Füllung
400 g Blattspinat
1 Schalotte
2 EL Olivenöl
Salz
frisch gemahlener Pfeffer
frisch geriebene Muskatnuss
400 g Lachsfilet
1 EL Zitronensaft
300 g Schafskäse (Feta)
geriebener Hartkäse (z. B. Gouda)

Für 15 Stück
1 Std. 30 Min. Zubereitung
1 Std. 20 Min. Ruhen
15 Min. Backen

1 Für die Brioches mit den angegebenen Zutaten einen Hefeteig zubereiten (Grundrezept S. 28). Zugedeckt an einem warmen Ort 20 Minuten gehen lassen.

2 Den Teig auf einer leicht bemehlten Arbeitsfläche gründlich kneten und weitere 20 Minuten gehen lassen. Anschließend den Teig zu 15 gleich großen Kugeln formen. Von jeder Teigkugel etwa ein Drittel abnehmen.

3 Die großen Teigkugeln in Brioche-Förmchen setzen und die kleinen Kugeln obenauf setzen. Den Teig zwischen kleiner Kugel und Rand hinunterdrücken. Zugedeckt weitere 40 Minuten gehen lassen.

4 Den Backofen auf 220 °C Ober- und Unterhitze vorheizen. Ein Backblech mit Backpapier belegen.

5 Die Eigelbe verquirlen. Die Brioches damit bestreichen und im Ofen in 12–15 Minuten goldbraun backen. Herausnehmen und abkühlen lassen.

6 Für die Füllung den Spinat waschen und harte Stiele entfernen. Die Schalotte schälen, fein würfeln und im heißen Öl anschwitzen. Den Spinat dazugeben und zusammenfallen lassen. Die Mischung vom Herd nehmen und mit etwas Salz, Pfeffer und Muskat würzen.

7 Den Lachs abbrausen, trocken tupfen, mit Zitronensaft beträufeln und in 15 gleich große Stücke schneiden. Auf dem Blech 15 kleine Häufchen mit dem Lachs und dem Spinat bilden. Den Feta darüberkrümeln. Mit dem Hartkäse bestreuen und 10 Minuten im Ofen backen.

8 Die Brioches waagerecht halbieren. Die fertige Lachs-Spinat-Füllung auf die Brioches verteilen, die Teigdeckel auflegen und servieren.

Minipizzen

Mit einem Glas Chianti der perfekte Appetizer!

Für den Hefeteig

½ Würfel Hefe (21 g) | 400 g Mehl

1 Prise Salz | 1 Prise Zucker

4 EL Olivenöl | Mehl für die Arbeitsfläche

Für den Belag

5 reife Tomaten | 1 Knoblauchzehe

1 EL Olivenöl | Salz | frisch gemahlener Pfeffer

1 TL getrockneter Oregano

2 EL entsteinte schwarze Oliven

1 gelbe Paprikaschote | ½ Handvoll Basilikumblättchen

200 g luftgetrocknete Salami (in Scheiben)

150 g Mozzarella, gerieben

Für 16 Stück | 45 Min. Zubereitung

1 Std. Ruhen | 20 Min. Backen

1 Die Hefe in 200 ml lauwarmem Wasser auflösen. Mit den restlichen Zutaten zu einem Hefeteig (Grundrezept S. 28) verarbeiten. Den Teig zugedeckt an einem warmen Ort 45–60 Minuten gehen lassen.

2 Für den Belag die Tomaten waschen, vom Stielansatz befreien, heiß überbrühen und enthäuten. Tomaten vierteln, Kerne entfernen, dann das Fruchtfleisch würfeln. Den Knoblauch schälen, fein hacken und mit den Tomaten sowie dem Öl fein pürieren. Mit Salz, Pfeffer und Oregano würzen. Die Oliven grob hacken. Paprika putzen, waschen, halbieren, von Samen befreien und sehr klein würfeln. Basilikum waschen, trocken tupfen und fein schneiden.

3 Den Backofen auf 200 °C Ober- und Unterhitze vorheizen. Den Teig auf einer bemehlten Arbeitsfläche nochmals durchkneten und in 16 gleich große Portionen teilen. Zu kleinen Pizzen ausrollen und diese auf zwei mit Backpapier belegte Backbleche legen.

4 Pizzen mit Tomatensauce bestreichen, dabei einen Rand frei lassen. Salami, Oliven und Paprika darauf verteilen, zuletzt den Käse darübergeben und 20 Minuten backen. Mit Basilikum bestreuen.

Polentafladen mit Käse und Feigen

Raffinierte Mischung: Speck, Käse und Frucht auf solider Unterlage.

Für die Fladen

1 l Gemüsebrühe | 250 g Polenta (Maisgrieß)
1 TL fein gehackte Thymianblättchen
70 g Parmesan, gerieben | Salz
frisch gemahlener Pfeffer
Maismehl zum Bestäuben
3–4 EL Butterschmalz zum Braten

Für den Belag

150 g Ziegenkäserolle | 4–6 Feigen
4 Scheiben Frühstücksspeck | 1 rote Zwiebel
Salz | frisch gemahlener Pfeffer
2–3 EL Feigensenf

Für 8 Fladen
50 Min. Zubereitung | 35 Min. Backen

1 Für die Fladen die Brühe zum Kochen bringen, den Maisgrieß einrieseln lassen und unter Rühren bei schwacher Hitze 5 Minuten köcheln. Thymian, Käse, Salz und Pfeffer untermischen und 15 Minuten quellen lassen. Ein Backblech kalt abspülen, den Maisbrei daraufstreichen und auskühlen lassen.

2 Den Backofen auf 180 °C Umluft vorheizen. Ein Backblech mit Backpapier belegen.

3 Für den Belag den Ziegenkäse in Scheiben schneiden. Die Feigen waschen, trocken reiben und vierteln. Die Speckscheiben halbieren. Die Zwiebel schälen und in feine Ringe schneiden.

4 Aus der Polentamasse 8 Kreise (Ø 10 cm) ausstechen und mit Maismehl bestäuben.

5 Die Polentafladen im heißen Butterschmalz auf beiden Seiten goldbraun braten. Auf das Backblech legen. Jeden Fladen mit Ziegenkäse, Speck, Feigen und Zwiebeln belegen sowie mit etwas Salz und Pfeffer würzen. Im Ofen kurz gratinieren und vor dem Servieren mit Feigensenf beträufeln.

Feurige Hefeteigrollen

Teigröllchen hier mal als scharfe Knaller!

Für den Hefeteig
500 g Mehl
½ Würfel Hefe (21 g)
4 EL Olivenöl
1 TL Zucker
1 TL Salz
Mehl für die Arbeitsfläche

Für die Füllung
2 Zwiebeln
2 Möhren
150 g Räucherspeck
1 EL Pflanzenöl
1 Prise Chilipulver
12 milde rote Peperoni (aus dem Glas)
2–3 EL Sahne

Für 12 Stück
50 Min. Zubereitung
45 Min. Ruhen
20 Min. Backen

1 Das Mehl in eine Schüssel sieben und in der Mitte eine Mulde formen. Die Hefe hineinbröckeln und mit 3 Esslöffeln lauwarmem Wasser verrühren. Zugedeckt an einem warmen Ort 15 Minuten gehen lassen. Dann Öl, Zucker, Salz und ca. 220 lauwarmes Wasser zufügen und zu einem geschmeidigen, glatten Teig verkneten. Zugedeckt nochmals 30 Minuten gehen lassen.

2 Für die Füllung die Zwiebeln schälen und fein würfeln. Die Möhren putzen, schälen und mit dem Speck klein würfeln. Alles zusammen im heißen Öl 2–3 Minuten anschwitzen. Vom Herd nehmen, abkühlen lassen und mit Chili würzen.

3 Den Ofen auf 200 °C Umluft vorheizen. Ein Backblech mit Backpapier belegen.

4 Den Teig auf einer bemehlten Arbeitsfläche 3 mm dünn ausrollen. In Rechtecke (10 x 15 cm) schneiden. Auf die Mitte jedes Rechtecks jeweils 2 Esslöffel Füllung setzen, eine abgetropfte Peperoni darauflegen und längs einrollen. Die Ränder leicht mit Wasser bestreichen und gut andrücken.

5 Die Rollenenden mit Küchengarn wie ein Bonbon einschnüren, dann das Garn wieder entfernen. Die Teigreste in dünne Streifen schneiden (10 cm lang), um die Einkerbungen legen und einmal vorsichtig verknoten. Die Bonbons auf das Blech legen und mit der Sahne bestreichen. Im Ofen in ca. 20 Minuten goldbraun backen.

6 Die Hefeteigrollen aus dem Ofen nehmen und warm oder kalt servieren.

Focaccia ai pomodori

Für Entdecker: Die Tomaten bergen kleine Schätze in sich.

Für den Hefeteig
½ Würfel Hefe (21 g)
400 g Mehl | ½ TL Salz
50 ml Olivenöl
Mehl für die Arbeitsfläche

Für den Belag
300 g Kirschtomaten
8 Sardellenfilets
2–3 EL Kapern
Olivenöl für das Backblech
und zum Bestreichen
grobes Meersalz
Basilikumblättchen

Für 2 Stück | 40 Min. Zubereitung
1 Std. Ruhen | 25 Min. Backen

1 Den Ofen auf 200 °C Umluft vorheizen. Ein Backblech mit Olivenöl einstreichen.

2 Für den Teig mit den angegebenen Zutaten einen Hefeteig (Grundrezept S. 28) zubereiten. Zugedeckt an einem warmen Ort ca. 45 Minuten gehen lassen. Den Hefeteig auf bemehlter Arbeitsfläche nochmals gut durchkneten.

3 Für den Belag die Kirschtomaten waschen, einen kleinen Deckel abschneiden und die Kirschtomaten aushöhlen. Die Sardellenfilets abtropfen lassen. In Stücke schneiden und zusammen mit den Kapern in die Kirschtomaten füllen.

4 Den Teig zu zwei Fladen (Ø 20 cm) ausrollen. Auf das Backblech legen. Mit den Fingerknöcheln kleine Mulden in den Teig drücken und mehrmals mit einer Gabel einstechen. Mit Olivenöl bestreichen und mit etwas grobem Meersalz bestreuen. Die Tomaten daraufsetzen und zugedeckt nochmals 15 Minuten gehen lassen. Dann im Backofen ca. 25 Minuten backen. Mit Basilikum bestreut servieren.

Calzone mit Spinat-Ricotta-Füllung

Schlichte Teigtaschen mit interessantem Innenleben.

15 g frische Hefe | 1 Prise Zucker
350 g Mehl | 2 EL Olivenöl | 1 TL Salz
Mehl für die Arbeitsfläche
2 EL Olivenöl zum Bepinseln

5 Tomaten, gewürfelt | 2 Zwiebeln, gehackt
2 Knoblauchzehen, gehackt | 3 EL Olivenöl
2 EL Tomatenmark | 1 EL frisch gehackter Oregano
Salz | frisch gemahlener Pfeffer
400 g Blattspinat | frisch geriebene Muskatnuss
125 g Mozzarella, gewürfelt | 200 g Ricotta | 1 Ei

Für 4 Personen | 40 Min. Zubereitung
45 Min. Ruhen | 30 Min. Backen

1 Mit den angegebenen Zutaten und 175 ml lauwarmem Wasser einen Hefeteig (Grundrezept S. 28) zubereiten. Zugedeckt 45 Minuten gehen lassen.

2 Für die Tomatensauce 3 gewürfelte Tomaten mit 1 Zwiebel und 1 Knoblauchzehe in 2 Esslöffeln heißem Öl anschwitzen. Tomatenmark dazugeben und in 5 Minuten sämig einköcheln. Mit Oregano, Salz und Pfeffer würzen und abkühlen lassen.

3 Spinat verlesen und waschen. Restliche gewürfelte Tomaten, übrige Zwiebel und Knoblauchzehe in restlichem heißen Öl anschwitzen. Spinat dazugeben und zusammenfallen lassen. Mit Salz, Pfeffer und Muskat würzen. Vom Herd nehmen. Mozzarella, Ricotta und das Ei verrühren und unter den Spinat mengen.

4 Den Ofen auf 220 °C Ober- und Unterhitze vorheizen. Aus dem Teig 4 Kreise ausrollen. Auf mit Backpapier belegte Backbleche geben. Auf eine Hälfte jedes Kreises Tomatensauce geben. Dabei einen Rand lassen. Die Spinatmischung auf die Sauce geben und die zweite Teighälfte darüberschlagen. Rand zusammendrücken. Calzone mit Olivenöl einpinseln. Im Ofen 30 Minuten backen. Halbieren und servieren.

weltweit

Cheesecake mit Cranberry-Topping

Bereits optisch ein Hochgenuss – und dann beim ersten Bissen …

Für den Boden
180 g Vollkornkekse
80 g Sanella

Für die Creme
10 Blatt Gelatine
250 ml Sahne
500 g Frischkäse
250 g Quark
Mark von 1 Vanilleschote
100 g Zucker
abgeriebene Schale und Saft von
1 unbehandelten Limette

Für den Guss
200 ml Cranberrysaft
1 EL Zucker
1–2 TL Speisestärke

Für 1 Springform (Ø 22 cm)
50 Min. Zubereitung
3 Std. 30 Min. Kühlen

1 Die Kekse in einen Gefrierbeutel füllen und mit dem Nudelholz fein zerbröseln. Die Sanella bei niedriger Hitze schmelzen und mit den Bröseln vermengen. Die Masse auf dem Boden einer Springform gut festdrücken. Die Form für 30 Minuten in den Kühlschrank stellen, damit die Masse fest wird.

2 Für die Creme die Gelatine in reichlich kaltem Wasser einweichen. Die Sahne steif schlagen. Den Frischkäse mit dem Quark, Vanillemark, Zucker, der Limettenschale und dem -saft glatt rühren.

3 Die Gelatine ausdrücken und in einem kleinen Topf unter Rühren bei niedriger Hitze auflösen. Von der Quarkmasse 2–3 Esslöffel in die Gelatine rühren, dann die Mischung zügig unter die Quarkmasse mengen. Die Schlagsahne unterziehen und die Creme auf den Keksboden geben. Glatt streichen und mindestens 3 Stunden kalt stellen.

4 Für den Guss den Cranberrysaft mit dem Zucker aufkochen lassen. Die Stärke mit 1–2 Esslöffeln Wasser glatt rühren, dann unter den Saft mischen. Den Saft leicht dickflüssig einköcheln lassen. Vom Herd nehmen und auskühlen lassen.

5 Vor dem Servieren den Kuchen aus der Form lösen und mit dem halbflüssigen Guss überziehen. Er sollte beim Anschneiden noch leicht über die Tortenstücke fließen.

New York Cheesecake

Süße Erdbeeren dazu: der ultimative Geschmackskick!

Für den Boden

150 g Sanella

200 g Butterkekse

1 Prise gemahlener Zimt

Für den Belag

4 Eier

200 g Zucker

250 g Doppelrahmfrischkäse

500 g Speisequark (20 % Fett)

4 EL Zitronensaft

2 EL Speisestärke

1 Eiweiß

250 g Crème fraîche

1 EL Vanillezucker

Veilchenblüten für die Verzierung

Erdbeersauce nach Belieben

Für 1 Springform (Ø 24 cm)

30 Min. Zubereitung

50 Min. Backen

30 Min. Kühlen

1 Den Backofen auf 150 °C Umluft vorheizen.

2 Für den Boden die Sanella zerlassen und abkühlen lassen. Die Kekse in einen Gefrierbeutel füllen und mit dem Nudelholz fein zerbröseln.

3 Die Brösel mit dem Zimt vermischen, die flüssige Sanella darübergeben und alles gut vermengen. Die Mischung auf dem Boden einer Springform verteilen und gut festdrücken.

4 Für den Belag die Eier trennen und die Eiweiße steif schlagen. Die Eigelbe mit dem Zucker schaumig rühren. Den Frischkäse, den Quark und den Zitronensaft dazugeben und unterrühren. Dann die Speisestärke dazumischen und zuletzt den Eischnee vorsichtig unterheben.

5 Die Masse auf den Keksboden geben und den Kuchen im Ofen ca. 50 Minuten backen. Aus dem Ofen nehmen und auskühlen lassen.

6 Das Eiweiß steif schlagen. Die Crème fraîche mit dem Vanillezucker verrühren und den Eischnee unterheben. Die Creme gleichmäßig auf dem Kuchen verteilen und 30 Minuten in den Kühlschrank stellen.

7 Zum Servieren mit den Blüten verzieren. Nach Belieben Erdbeersauce dazu reichen.

Cheesecake mit Heidelbeeren

Da lacht der Sommer vom Kuchenteller!

Für den Mürbeteig
150 g Mehl
1 EL Kakaopulver
50 g Zucker
100 g Sanella

Für den Belag
4 Eier
1 Prise Salz
200 g Zucker
50 g flüssige, abgekühlte Sanella
1 kg Quark
Saft und Schale von
1 unbehandelten Zitrone
2 EL Speisestärke

Für den Obstbelag
2 EL Aprikosenkonfitüre
ca. 400 g Heidelbeeren
Puderzucker

Für 1 Springform (Ø 24 cm)
45 Min. Zubereitung
30 Min. Kühlen
1 Std. Backen

1 Den Ofen auf 180 °C Umluft vorheizen. Eine Springform mit Backpapier auslegen.

2 Für den Mürbeteig das Mehl und den Kakao mit Zucker mischen. Die Sanella in Stückchen zugeben und daraus rasch einen Mürbeteig kneten (Grundrezept S. 24). In Frischhaltefolie wickeln und 30 Minuten kühl stellen.

3 Die Springform mit dem Mürbeteig auslegen, dabei einen etwa 3 cm hohen Rand hochziehen. Den Teigboden mehrmals mit einer Gabel einstechen.

4 Für den Belag die Eier trennen. Die Eiweiße mit dem Salz zu Eischnee schlagen. Die Eigelbe mit dem Zucker und der flüssigen Sanella schaumig rühren. Den Quark sowie Zitronensaft und -schale unterziehen. Die Speisestärke daraufsieben und ebenfalls unterziehen. Zuletzt den Eischnee unterheben.

5 Die Masse auf den Mürbeteigboden geben und glatt streichen. Im vorgeheizten Backofen etwa 1 Stunde backen. Sollte der Kuchen dabei zu stark bräunen, rechtzeitig mit Alufolie abdecken.

6 Den Kuchen herausnehmen, in der Form auskühlen lassen, dann den Springformrand lösen.

7 Für den Obstbelag die Aprikosenkonfitüre mit 2 Esslöffeln Wasser erhitzen und durch ein Sieb streichen. Den Kuchen damit bepinseln. Die Heidelbeeren waschen, trocken tupfen und den Kuchen damit belegen. Mit Puderzucker bestäubt servieren.

Chocolate Chip Cheesecake

Zwei, die sich optimal ergänzen: Schokolade und Frischkäse!

Für den Boden

200 g Chocolate-Chip-Cookies

120 g flüssige Sanella

Für die Füllung

5 Eier

150 g Zucker

400 g Quark

600 g Doppelrahmfrischkäse

60 g Speisestärke

2 EL Zitronensaft

100 g Chocolate Chips

(Schokoladentröpfchen)

Für die Verzierung

100 g Zartbitterkuvertüre

Für 1 Springform (Ø 24 cm)

45 Min. Zubereitung | 1 Std. Backen

4 Std. Kühlen

1 Den Backofen auf 150 °C Ober- und Unterhitze vorheizen. Eine Springform mit Backpapier auslegen.

2 Die Kekse in einen Gefrierbeutel füllen und mit dem Nudelholz fein zerbröseln. Mit der Sanella vermischen. Die Masse auf dem Boden einer Springform verteilen und gut festdrücken.

3 Für die Füllung die Eier trennen und die Eiweiße mit der Hälfte des Zuckers steif schlagen. Die Eigelbe mit dem übrigen Zucker, dem Quark, Frischkäse, Stärke und Zitronensaft gut verrühren. Den Eischnee unterheben, sodass eine luftige Masse entsteht. Dann die Chocolate Chips unterheben.

4 Die Masse auf dem Kuchenboden verteilen und im Ofen 1 Stunde backen. Den Kuchen herausnehmen und mindestens 4 Stunden auskühlen lassen.

5 Vor dem Servieren die Springform entfernen und den Kuchen auf eine Kuchenplatte setzen. Für die Verzierung die Kuvertüre schmelzen und den Kuchen in Streifen damit überziehen.

Tipp

Zu diesem Cheesecake passt auch sehr gut eine Kirschgrütze: Kirschen aus dem Glas mitsamt Saft einmal aufkochen. 5 Esslöffel Speisestärke in wenig Wasser auflösen und unter die Kirschmasse rühren. Noch mal aufkochen, Zucker und abgeriebene Zitronenschale nach Geschmack dazugeben. Abgekühlt zum Cheesecake reichen.

Broken Glass Cake

Das schmeckt nicht nur der Eiskönigin vorzüglich.

Für den Boden
200 g Vollkornbutterkekse
130 g Sanella

Für die „Glasstücke"
5 Blätter weiße Gelatine
500 ml Apfelsaft
4 EL Zucker
rote und blaue
Lebensmittelfarbe

Für die Creme
10 Blätter weiße Gelatine
400 g Joghurt
300 g Frischkäse
100 g Puderzucker
2 EL Vanillezucker
2–3 EL Zitronensaft
200 ml Sahne

Für 1 Tortenring (Ø 26 cm)
40 Min. Zubereitung
14 Std. Kühlen

1 Für den Boden einen Tortenring auf eine Kuchenplatte legen. Die Kekse grob zerkleinern und in der Küchenmaschine zu feinen Krümeln vermahlen. Die Sanella schmelzen und mit den Kekskrümeln vermengen. In die Form geben und gut festdrücken. Anschließend kalt stellen.

2 Für die „Glasstücke" die Gelatine in reichlich kaltem Wasser einweichen. Den Apfelsaft mit dem Zucker in einem Topf erwärmen (nicht kochen) und die Gelatine darin auflösen.

3 Eine Hälfte des Saftes mit Lebensmittelfarbe rot, die andere Hälfte blau einfärben. Jede Flüssigkeit in eine flache Schale füllen und im Kühlschrank mindestens 2 Stunden erstarren lassen. Danach das Gelee in kleine Würfel schneiden.

4 Für die Creme die Gelatine in reichlich kaltem Wasser einweichen.

5 Den Joghurt mit dem Frischkäse, dem Puderzucker, dem Vanillezucker und dem Zitronensaft verrühren. Die Sahne steif schlagen und unterheben. Die Geleewürfel vorsichtig unter die Creme rühren. Die Creme auf den Tortenboden füllen, glatt streichen und am besten über Nacht fest werden lassen.

6 Zum Servieren den Tortenring vorsichtig abziehen und die Torte in Stücke schneiden.

English Teapot

Very British – The Queen would be amused!

Für den Teig

Fett und Mehl für die Formen

300 g weiche Sanella

250 g brauner Zucker

Mark von 1 Vanilleschote

4 Eier | 300 g Mehl

2 EL Speisestärke

2 TL Backpulver

ca. 100 ml Milch

80 g Schokoladenraspel

Für die Verzierung

175 g Aprikosenkonfitüre, ohne Stücke

1,5 kg Rollfondant (oder Marzipanrohmasse)

blaue Lebensmittelfarbe

Puderzucker für die Arbeitsfläche

essbarer Zuckerkleber (Fachhandel)

silberfarbene Nonpareilles (Ø 5 mm)

Für 2 Springformen (Ø 18 cm)

2 Std. Zubereitung

40 Min. Backen

2 Std. Auskühlen

1 Den Ofen auf 180 °C Umluft vorheizen. Zwei Springformen einfetten und mit Mehl bestäuben.

2 Für den Teig mit den angegebenen Zutaten einen Rührteig (Grundrezept S. 22) zubereiten.

3 Den Teig in die Formen verteilen und im Ofen 30–40 Minuten backen (Stäbchenprobe S. 18). Aus dem Ofen nehmen, den Rand der Formen lösen und die Kuchen auf einem Gitter auskühlen lassen.

4 Die Konfitüre unter Rühren einmal aufkochen. Einen Kuchen mit Konfitüre bestreichen, den anderen Kuchen daraufsetzen und andrücken. Aus dem gesamten Kuchen mit einem scharfen Messer eine Kugel schnitzen, die oben und unten (Standfläche und Deckelfläche) leicht abgeplattet ist. Die Kuchenreste anderweitig verwenden.

5 Die Kuchenkugel rundherum mit der Konfitüre einpinseln und trocknen lassen. Vom Rollfondant etwa 250 g beiseitelegen (luftdicht in Folie verpacken, er trocknet sonst aus). Den restlichen Rollfondant mit Lebensmittelfarbe hellblau färben. Auf einer Arbeitsfläche mit wenig Puderzucker den Fondant 8 mm dick ausrollen und die Kuchenkugel damit umhüllen.

6 Aus einem hellblauen Fondantrest einen Henkel und eine Gießtülle für die Kanne formen. Beides mit Zuckerkleber am Bauch der Kanne fixieren. Ebenfalls aus hellblauem Rollfondant einen Deckel ausschneiden und zum Trocknen über eine leicht gewölbte Form legen, z. B. über eine umgedrehte Schüssel.

7 Den weißen Rollfondant ausrollen und große (Ø 3–4 cm) und kleine (Ø 1–2 cm) Blüten ausstechen. Die Hälfte der Blüten beiseitelegen. Die restlichen Blüten aufeinanderkleben. Dazu je eine kleine Blüte mit Zuckerkleber auf einer größeren Blüte fixieren. Zum Schluss jede Blüte mit einer silbernen Nonpareille verzieren.

8 Den Kannendeckel auf die Kanne kleben und eine Blüte als Griff fixieren. Die restlichen Blüten auf der Kanne anbringen. Nach Belieben mit einem Zahnstocher kleine Lochmuster dekorativ auf dem Fondant anbringen. Abschließend aus dem übrigen Rollfondant eine Rolle formen (Ø 1 cm) und um den Fuß der Kanne legen.

Traumkleid

Haute Couture gibt's auch zum Vernaschen!

Für den Teig
Fett und Mehl für die Form
125 g weiche Sanella
100 g Zucker
½ Päckchen Vanillezucker
1 Msp. abgeriebene Schale
einer unbehandelten Zitrone
2 Eier
125 g Mehl
1 EL Speisestärke
½ TL Backpulver
1–2 EL Rum

Für die Verzierung
2–3 EL Aprikosenkonfitüre, ohne Stücke
bunte Nonpareilles
50 g Rollfondant (oder Marzipanrohmasse)
blaue Lebensmittelfarbe
Puderzucker für die Arbeitsfläche
2–3 EL Puderzucker
gelbe Lebensmittelfarbe
8 rosa Zuckerperlen (Ø 8 mm)
essbarer Zuckerkleber (Fachhandel)

1 Std. Zubereitung | 30 Min. Backen

1 Den Ofen auf 180 °C Umluft vorheizen. Eine kleine Springform (Ø 18 cm) einfetten und mit Mehl bestäuben.

2 Die Sanella mit dem Zucker, dem Vanillezucker und der Zitronenschale cremig schlagen. Nach und nach die Eier unterrühren, bis eine lockere Schaummasse entsteht. Das Mehl mit der Speisestärke und dem Backpulver vermischen und mit dem Rum unter die Schaummasse rühren, bis ein geschmeidiger Teig entsteht.

3 Den Teig in die Form füllen und im Ofen ca. 30 Minuten backen (Stäbchenprobe S. 18). Aus dem Ofen nehmen, den Rand der Form lösen und den Kuchen auf einem Gitter auskühlen lassen.

4 Die Konfitüre unter Rühren erhitzen. Aus Papier eine 15 cm große Schablone für das Kleid anfertigen. Mithilfe der Schablone aus dem Kuchen ein Kleid ausschneiden. Das Kuchenkleid am Rand mit Konfitüre einpinseln und mit den bunten Nonpareilles bestreuen.

5 Den Rollfondant hellblau einfärben. Diesen auf einer Arbeitsfläche mit wenig Puderzucker 3 mm dünn ausrollen und mithilfe der Schablone ebenfalls ein Kleid ausschneiden. Das Kuchenkleid auf der Oberseite mit Konfitüre bestreichen und das Rollfondantkleid darauflegen.

6 Den Puderzucker mit einigen Tropfen Wasser und gelber Lebensmittelfarbe dickflüssig anrühren. In eine Mini-Spritztüte füllen und Wellenmuster auf dem Fondantkleid aufbringen. Die rosa Zuckerperlen mit Zuckerkleber aufkleben. Gut trocknen lassen. Zum Verschenken in eine durchsichtige Tüte verpacken.

Lady's Bag

Was da wohl drin sein mag?

Fett und Mehl für die Formen
250 g weiche Sanella | 150 g Zucker
1 EL Vanillezucker | 1 TL gemahlener Zimt | 4 Eier
220 g Mehl | 1–2 TL Backpulver | 2 EL Kakaopulver
50 g gemahlene Mandeln | 50 ml Milch

150 Aprikosenkonfitüre, ohne Stücke
1 kg Rollfondant (oder Marzipanrohmasse)
grüne, gelbe und rote Lebensmittelfarbe
Puderzucker für die Arbeitsfläche
essbarer Zuckerkleber (Fachhandel)
goldfarbene Nonpareilles (Ø 3 mm)
goldene und silberne Lebensmittelfarbe

Für 3 Kuchen (Springform mit Ø 15 cm)
2 Std. 30 Min. Zubereitung | 30 Min. Backen

1 Den Ofen auf 200 °C Ober- und Unterhitze vorheizen. Drei Formen einfetten und mit Mehl bestäuben.

2 Mit den angegebenen Zutaten einen Rührteig (Grundrezept S. 22) zubereiten. Den Teig in die Formen füllen und im Ofen ca. 30 Minuten backen (Stäbchenprobe S. 18). Herausnehmen, Rand ablösen und die Kuchen auf einem Gitter auskühlen lassen.

3 Konfitüre erhitzen. Den Rollfondant in drei Teile teilen, jeden mit einer anderen Farbe einfärben.

4 Den grünen Rollfondant auf wenig Puderzucker ausrollen. Einen Kuchen rundum mit Konfitüre bestreichen und komplett mit dem Rollfondant überziehen. Aus dem restlichen grünen Rollfondant zwei Henkel und zwei Verschlusskugeln rollen. Auf die Henkel mit einem Teigrädchen ein Nahtmuster, auf die Taschenvorderseite ein Rautenmuster aufbringen. Auf die Kreuzungsstellen des Rautenmusters mit Zuckerkleber Nonpareilles kleben. Die Henkel mit Zuckerkleber fixieren. Die Verschlusskugeln aufkleben. Übergangsstellen von Henkel und Tasche sowie Verschlusskugeln mit Farbe vergolden bzw. versilbern.

5 Die gelbe und die rosa Tasche genauso anfertigen.

Schokoladen-Meringue-Torte mit Rosen-Chantilly-Creme

Eine sehr, sehr zarte Versuchung aus dem Land der Gourmets.

Für die Meringuen

8 Eiweiß | 2 EL Zitronensaft

350 g Puderzucker | 1 EL Kakaopulver

Für die Glasur

60 g Zartbitterschokolade

(mind. 60 % Kakao)

40 ml Sahne

Für die Füllung

400 ml eiskalte Sahne | 60 ml Rosensirup

Für die Verzierung

frische Rosenblütenblätter (nach Belieben)

Für 1 Torte (Ø 22 cm) bzw. 4 Personen

40 Min. Zubereitung | 45 Min. Backen pro Backblech

1 Den Backofen auf 100 °C Umluft vorheizen. Zwei Backbleche mit Backpapier belegen.

2 Die Eiweiße mit dem Zitronensaft zu sehr steifem Schnee schlagen, den Puderzucker nach und nach einrieseln lassen. Weiterschlagen, bis eine schnittfeste, glänzende Masse entstanden ist. Den Kakao auf den Eischnee sieben und unterheben. Die Masse in einen Spritzbeutel mit großer runder Tülle füllen und auf die Backbleche 3 Tortenböden (Ø 22 cm) aufspritzen. Im Ofen ca. 45 Minuten backen. Herausnehmen und auf Kuchengittern gut auskühlen lassen.

3 Für die Glasur die Schokolade über einem Wasserbad schmelzen, mit der Sahne verrühren und abkühlen lassen. Für die Füllung die Sahne steif schlagen, dann den Rosensirup unterziehen.

4 Zwischen die Böden die Füllung verteilen und jeweils etwas Schokoladenglasur darüberträufeln. Auf den letzten Boden nur Füllung geben, mit Rosenblütenblättern verzieren und sofort servieren.

Pastellige Cupcakes

Die bunten Törtchen peppen jede Kaffeetafel auf!

Für die Cupcakes
175 g Sanella
150 g Zucker
4 Eier
Saft und abgeriebene Schale
von 1 unbehandelten Limette
175 g Mehl
40 g gemahlene Mandeln
½ TL Backpulver

Für die Creme
120 g weiche Sanella
60 g Zucker
120 g Frischkäse
ca. 150 g Puderzucker
blaue und grüne Lebensmittelfarbe
(nach Belieben)
Zuckerstreusel
bunte Zuckerblüten

Für 12 Stück
50 Min. Zubereitung | 25 Min. Backen

1 Den Backofen auf 180 °C Umluft vorheizen. Papierförmchen in die 12 Vertiefungen eines Muffinblechs setzen.

2 Die Sanella mit dem Zucker schaumig schlagen. Die Eier mit Limettensaft und -schale verquirlen und zusammen mit dem Mehl, den Mandeln und dem Backpulver unter die Masse mengen.

3 Den Teig gut verrühren und in die Förmchen füllen. Im Ofen in ca. 25 Minuten goldbraun backen. Aus dem Ofen nehmen und auskühlen lassen.

4 Für die Creme die Sanella mit dem Zucker verrühren, dann den Frischkäse dazugeben. Nun so viel Puderzucker in die Masse rühren, bis eine spritzfähige Creme entstanden ist. Nach Belieben zart pastellfarben einfärben.

5 Die Creme in einen Spritzbeutel füllen und spiralartig auf die Cupcakes spritzen. Mit Streuseln und Blüten verzieren.

- Cupcakes sehr fest, evtl. mehr Backpulver nehmen

- Creme braucht lange, um fest zu werden, wird. einige Stunden ↳ möglichst wenig Puder Zucker nehmen

Kirsch-Cupcakes

Die sollten bei keinem Gartenfest fehlen.

Für die Kirschen
400 g Kirschen
150 ml Rotwein
4 cl Rum | 2 EL Honig
½ Zimtstange
1 Stück Schale einer
unbehandelten Orange

Für den Rührteig
175 g Sanella
150 g Zucker
4 Eier
Saft und abgeriebene Schale
von 1 unbehandelten Limette
175 g Mehl
50 g gemahlene Mandeln
½ TL Lebkuchengewürz
½ TL Backpulver

Für die Creme
150 ml Sahne
1 Päckchen Sahnesteif
200 g Mascarpone
2–3 EL Kirschsirup

Für 12 Stück
50 Min. Zubereitung
2 Std. Ziehenlassen
25 Min. Backen

1 Die Kirschen waschen, 12 Stück zum Verzieren beiseitelegen und die restlichen entsteinen. Den Wein mit dem Rum, dem Honig, dem Zimt und der Orangenschale aufkochen lassen. Die Kirschen in die Flüssigkeit geben und mindestens 2 Stunden darin ziehen lassen.

2 Den Backofen auf 180 °C Umluft vorheizen. Papierförmchen in die 12 Vertiefungen eines Muffinblechs setzen.

3 Für den Rührteig die Sanella mit dem Zucker schaumig schlagen. Die Eier mit Limettensaft und -schale verquirlen und zusammen mit dem Mehl, den Mandeln, dem Lebkuchengewürz und dem Backpulver unter die Masse mengen. Gut verrühren.

4 Etwa die Hälfte des Teiges in die Förmchen füllen. Jeweils 2–3 abgetropfte Kirschen in die Mitte setzen. Den übrigen Teig darüber verteilen und im Ofen ca. 25 Minuten backen.

5 Aus dem Ofen nehmen, kurz abkühlen lassen, aus den Blech nehmen und auskühlen lassen.

6 Für die Creme die Sahne mit dem Sahnesteif steif schlagen. Den Mascarpone mit dem Sirup glatt rühren und die Schlagsahne unterziehen. In einen Spritzbeutel mit glatter Tülle füllen und auf die Cupcakes spritzen. Mit je 1 Kirsche verziert servieren.

Smores-Cupcakes mit Schokolade und gegrillten Marshmallows

Cupcakes mit Süßem vom Grill.

Für den Rührteig

175 g Sanella

150 g Zucker

4 Eier

Saft und abgeriebene Schale
von 1 unbehandelten Zitrone

175 g Mehl

40 g gemahlene Mandeln

½ TL Backpulver

80 g Graham-Cracker oder Butterkekse

Für die Verzierung

ca. 150 g Marshmallowcreme

100 g Zartbitterkuvertüre, geschmolzen

24 kleine Marshmallows, gegrillt

Für 12 Stück

35 Min. Zubereitung | 25 Min. Backen

1 Den Ofen auf 180 °C Umluft vorheizen. Papierförmchen in die 12 Vertiefungen eines Muffinblechs setzen.

2 Für den Teig die Sanella mit dem Zucker schaumig schlagen. Eier mit Zitronensaft sowie -schale verquirlen und zusammen mit dem Mehl, den Mandeln und dem Backpulver unter die Masse rühren.

3 Den Teig in die Förmchen füllen. Die Cracker oder Butterkekse grob zerbröseln, über dem Teig verteilen und leicht eindrücken. Die Cupcakes im Ofen in ca. 25 Minuten goldbraun backen. Aus dem Ofen nehmen und auskühlen lassen.

4 Für die Verzierung die Cupcakes vor dem Servieren mit Marshmallowcreme bestreichen und mit Kuvertüre beträufeln. Je 2 gegrillte Marshmallows daraufsetzen.

Cupcakes mit Irish-Cream-Likör und Marshmallowhaube

Internationale Cupcakes mit irischem Likör und US-amerikanischen Marshmallows.

Für den Rührteig

220 g Mehl | 2–3 EL Kakaopulver

50 g gemahlene Mandeln

2 TL Backpulver | ½ TL Natron

2 Eier | 100 g Zucker | 50 ml Pflanzenöl

100 ml Irish-Cream-Likör | 50–75 ml Milch

Für die Marshmallowhaube

240 g Butter | 160 g Puderzucker

einige Tropfen Vanillearoma | 300 g Marshmallowcreme

150 g Zartbitterkuvertüre | 40 Pistazienkerne

Für 12 Stück | 1 Std. Zubereitung | 30 Min. Backen

1 Den Backofen auf 200 °C Ober- und Unterhitze vorheizen. Papierförmchen in die 12 Vertiefungen eines Muffinblechs setzen.

2 Das Mehl mit dem Kakao, den Mandeln, Backpulver und Natron vermischen. Eier leicht verquirlen, Zucker, Öl und Likör zugeben und alles gut verrühren. Die Mehlmischung rasch unter die Eimasse rühren. Bei Bedarf noch so viel Milch zugeben, dass der Teig leicht reißend vom Löffel fällt. Den Teig in die Papierförmchen füllen und im Backofen 25–30 Minuten backen (Stäbchenprobe S. 18). Die Cupcakes herausnehmen, aus der Form stürzen und auf einem Kuchengitter abkühlen lassen.

3 Für die Haube die Butter mit dem Puderzucker und dem Vanillearoma weiß-cremig schlagen. Nach und nach die Marshmallowcreme unterrühren. In einen Spritzbeutel mit Lochtülle füllen und eine Haube auf jeden Cupcake spritzen. Kühl stellen.

4 Die Kuvertüre über einem Wasserbad schmelzen und wieder leicht abkühlen lassen. Mit einem Löffel auf den Cupcakes verteilen und trocknen lassen. Die Pistazien hacken und die Cupcakes damit bestreuen.

Schokoladen-Cupcakes

Da schlägt das Herz jedes Schokoholics garantiert höher!

Für den Rührteig
100 g Zartbitterkuvertüre
100 g Sanella
ca. 125 ml Milch
1 Ei
100 ml saure Sahne
100 g Zucker
250 g Mehl
2 TL Speisestärke
1–2 EL Backpulver
2 EL Kakaopulver
1 Prise Salz

Für die Verzierung
400 g Zartbitterkuvertüre
200 ml Sahne
50 g Butter
Kakaopulver zum Bestäuben
Zuckerperlen

Für 12 Stück
45 Min. Zubereitung
25 Min. Backen

1 Den Backofen auf 180 °C Umluft vorheizen. Papierförmchen in die 12 Vertiefungen eines Muffinblechs setzen.

2 Die Schokolade grob hacken. Die Sanella in einem Topf erhitzen, die Schokolade zugeben und darin schmelzen lassen. Vom Herd nehmen.

3 Die Milch, das Ei, die saure Sahne und den Zucker mit dem Handrührgerät verquirlen. Mehl, Speisestärke, Backpulver, Kakao und Salz in einer Schüssel gut vermischen. Die Milchmischung und die Schokoladenmasse zugeben und verrühren.

4 Den Teig in die Papierförmchen verteilen und im Ofen 25 Minuten backen (Stäbchenprobe S. 18). Herausnehmen, kurz abkühlen lassen, die Cupcakes vom Blech nehmen und auf einem Kuchengitter auskühlen lassen.

5 Für die Verzierung die Kuvertüre hacken und in eine Schüssel geben. Die Sahne erhitzen, zu der Kuvertüre geben und solange rühren, bis diese geschmolzen ist.

6 Die Butter in Flöckchen dazugeben und unterrühren. Die Masse abkühlen lassen, bis sie beginnt, fest zu werden. Noch einmal kräftig durchrühren und in einen Spritzbeutel mit gezackter Tülle füllen. In Tupfen auf die Cupcakes spritzen, leicht mit Kakao bestäuben und mit Zuckerperlen verziert servieren.

- Cupcakes werden sehr hoch deutlich weniger Backpulver nehmen

Chocolate Battenburg Cake

Klein, aber oho!

150 g Sanella | 170 g Zucker | 3 Eier
½ Päckchen Vanillezucker | 60 g gemahlene Mandeln
2 TL Backpulver | 220 g Mehl | 1–2 EL Kakaopulver
400 g Marzipanrohmasse
200 g Aprikosenkonfitüre | 2–3 EL Brandy
Kakaopulver zum Bestäuben

Für 1 flache Kuchenform (30 x 25 cm)
50 Min. Zubereitung | 20 Min. Backen

1 Den Backofen auf 180 °C Ober-/Unterhitze vorheizen. Die Form vorbereiten (s. Battenburg Cake, S. 62).

2 Mit den angegebenen Zutaten, außer dem Kakao, einen Rührteig (Grundrezept S. 22) zubereiten. Die Hälfte des Teiges in die eine Hälfte der Form geben und glatt streichen. Die zweite Hälfte mit 1–2 Esslöffeln Kakao mischen und in die andere Hälfte der Form geben, glatt streichen. Im Ofen ca. 20 Minuten backen (Stäbchenprobe S. 18). Den Kuchen herausnehmen und 10 Minuten abkühlen lassen. Zum Aus-

kühlen auf ein Kuchengitter stürzen und das Backpapier abziehen. Beide Teighälften jeweils in 3–4 Streifen schneiden.

3 Zum Zusammensetzen Marzipan mit 2–3 Esslöffeln Kakao verkneten und zwischen zwei Lagen Backpapier zu einer rechteckigen Platte ausrollen (Länge entsprechend der Länge von 1 ½–2 Streifen und der 8-fachen Breite eines Streifens).

4 Die Konfitüre mit dem Brandy pürieren. Die Marzipanplatte dünn mit der Masse einstreichen. Einen schwarzen und einen weißen Teigstreifen nebeneinander längs auf das Marzipan legen. Hinten jeweils ½ oder ganzen Streifen anlegen. Mit den übrigen Streifen, farblich entgegengesetzt belegen und im Marzipan einschlagen. Die Nahtstellen mit den Fingern leicht glatt streichen.

5 Auf einer mit Kakao bestäubten Platte anrichten und servieren.

Chocolate Fudge Cake

Unwiderstehlicher Geschmack, gaaaaaanz langsam genießen!

Für den Teig

125 g Zartbitterschokolade, gehackt | 2 EL Orangenlikör
4 Eier | 1 Prise Salz | 135 g Zucker
125 g weiche Sanella | 2 EL Ahornsirup
100 g gemahlene Haselnusskerne | 35 g Kokosraspel
4–6 Schokokaramellen, gehackt
Fett und Mehl für die Form

Für das Fudge

400 g Zucker | 50 g Kakaopulver | 235 ml Milch
60 g weiche Butter | Vanillearoma (nach Belieben)

Für 1 eckigen Backrahmen (ca. 15 x 30 cm)
50 Min. Zubereitung | 50 Min. Backen

1 Die Schokolade mit dem Likör über einem heißen Wasserbad schmelzen. Eier trennen. Eiweiße mit Salz und 35 g Zucker zu Eischnee schlagen.

2 Sanella mit restlichem Zucker cremig rühren. Eigelbe mit Ahornsirup und Schokolade unterrühren. Eischnee, Nüsse und Kokosraspel unterheben.

3 Den Backofen auf 175 °C Ober- und Unterhitze vorheizen. Den Backrahmen auf ein mit Backpapier belegtes Backblech stellen. Den Rand innen einfetten und mit Mehl bestäuben. Karamellen unter den Teig heben und den Teig einfüllen. Ca. 50 Minuten backen, nach 35 Minuten mit Alufolie abdecken, damit der Kuchen nicht zu stark bräunt. Herausnehmen und auf einem Kuchengitter auskühlen lassen.

4 Für das Fudge Zucker, Kakao und Milch in einen Topf geben und unter ständigem Rühren aufkochen. Hitze herunterschalten, nicht mehr rühren, die Masse aber weiter bis 114 °C kochen (mit Zuckerthermometer kontrollieren oder einen Tropfen der kochenden Masse in kaltes Wasser geben. Er soll sich zu einem weichen, formbaren Klumpen ballen).

5 Den Topf vom Herd nehmen, Butter sowie Vanillearoma unterrühren. So lange mit einem Holzlöffel schlagen, bis das Fudge nicht mehr glänzt. Auf den Kuchen füllen, glatt streichen und erkalten lassen.

Quittenstrudel

Feine Hülle für unterschätzte Früchtchen: Da wird manch einer staunen!

Für die Füllung

500 g reife Quitten

20 g Sanella

100 g Zucker

Mark von 1 Vanilleschote

1 Zimtstange

2 Gewürznelken

1 Sternanis

70 ml trockener Weißwein

Für die Streusel

70 g Sanella

70 g Mehl

40 g Zucker

Für den Blätterteig

(alternativ 275 g TK-Blätterteig)

80 g Mehl

1 Prise Salz

50 ml Wasser

10 g weiche Butter

80 g kalte Butter

Mehl für die Arbeitsfläche

1 Eiweiß

Schlagsahne (zum Servieren

nach Belieben)

Für 1 Strudel

45 Min. Zubereitung Strudel

2 Std. Zubereitung Blätterteig

40 Min. Backen

1 Die Quitten schälen, vierteln, entkernen und in mundgerechte Stücke schneiden. Die Sanella in einem Topf erhitzen. Die Quitten, den Zucker und die Gewürze zugeben und unter Rühren 3–4 Minuten köcheln lassen. Den Wein angießen und weitere 5–10 Minuten köcheln lassen. Die Quitten sollten nicht ganz weich sein. Die Fruchtstücke in eine Schüssel geben und auskühlen lassen.

2 Für die Streusel die Sanella mit dem Mehl und dem Zucker zu Krümeln verkneten.

3 Den Backofen auf 200 °C Ober- und Unterhitze vorheizen. Ein Backblech mit Backpapier belegen.

4 Den Blätterteig mit den angegebenen Zutaten (Grundrezept S. 34) zubereiten. Wird TK-Blätterteig verwendet, diesen auftauen lassen.

5 Den Blätterteig auf einer bemehlten Arbeitsfläche dünn ausrollen. Die Quittenmasse ohne Sud darauf verteilen.

6 Das Eiweiß leicht verquirlen und den Rand des Teiges dünn damit bestreichen. Die kurzen Teigseiten 2 cm einschlagen und den Strudel aufrollen.

7 Den Strudel mit dem restlichen Eiweiß bestreichen, die Streusel auf dem Strudel verteilen und im Ofen 35–40 Minuten backen. Herausnehmen und etwas auskühlen lassen.

8 Den Strudel in Scheiben schneiden und nach Belieben mit Schlagsahne servieren.

Apfelstrudel

Einfach der Beste: Dieser Klassiker ist nicht zu toppen.

Für den Strudelteig
250 g feines Mehl
1 Prise Salz | 1 Eigelb
1 EL Pflanzenöl | 120 ml Wasser

Für die Füllung
1 ½ kg Boskop-Äpfel
3 EL Zitronensaft
75 g Rosinen
50 g gehackte Mandeln
100 g flüssige Butter
4 EL Vanillezucker
2–3 EL Semmelbrösel
1 TL gemahlener Zimt
Puderzucker zum Bestäuben

Für 1 Strudel
40 Min. Zubereitung
30 Min. Ruhen
50 Min. Backen

1 Mit den angegebenen Zutaten einen Strudelteig (Grundrezept S. 32) zubereiten und ausziehen.

2 Äpfel schälen, vierteln, von Kerngehäusen befreien und in dünne Scheiben schneiden. Zitronensaft, Rosinen und Mandeln dazugeben.

3 Den Backofen auf 200 °C Umluft vorheizen. Ein Backblech mit Backpapier auslegen. Den ausgezogenen Teig mit etwas flüssiger Butter einstreichen und mit Vanillezucker, Semmelbröseln und Zimt bestreuen. Die Apfelmischung auf dem Teig verteilen, Rand frei lassen und diesen einklappen. Den Strudel mithilfe des Tuches aufrollen und mit der Naht nach unten auf das Backblech gleiten lassen. Die Oberfläche mit der restlichen Butter einstreichen.

4 Im Ofen 40–50 Minuten backen, dabei immer wieder mit flüssiger Butter bestreichen. Herausnehmen, abkühlen lassen. Mit Puderzucker bestäuben.

Topfenstrudel mit Kirschen

Gehaltvoll-fruchtige Füllung: Da bleibt bestimmt keiner hungrig!

Für den Strudelteig

250 g Mehl | 1 Prise Salz | 120 ml Wasser
2–3 EL Pflanzenöl plus mehr zum Bestreichen

Für die Füllung

1 Glas Sauerkirschen (Abtropfgewicht 370 g)
250 g Quark | 80 g Zucker | 3 EL Kirschwasser
abgeriebene Schale von
1 unbehandelten Zitrone
2 Eier | 1 Prise Salz
50 g Butter | 50 g Semmelbrösel
Puderzucker zum Bestäuben

Für 1 Strudel | 1 Std. Zubereitung
30 Min. Ruhen | 40 Min. Backen

1 Mit den angegebenen Zutaten einen Strudelteig (Grundrezept S. 32) zubereiten und ausziehen.

2 Für die Füllung die Kirschen gut abtropfen lassen. Den Quark in eine Schüssel geben, Zucker und Kirschwasser unterrühren, dann die Zitronenschale dazugeben. Eier trennen und Eigelbe unter die Quarkmasse rühren. Eiweiße mit 1 Prise Salz steif schlagen. Anschließend vorsichtig unterheben. 30 g Butter in einer Pfanne erhitzen und die Semmelbrösel unter Rühren darin leicht anrösten.

3 Den Backofen auf 180 °C Umluft vorheizen und ein Backblech mit Backpapier auslegen.

4 Die Semmelbrösel auf dem Teig verteilen. Zuerst die Quarkmasse, dann die Kirschen auf dem Teig verteilen, dabei einen Rand lassen. Den Teig am Rand einschlagen und mithilfe des Tuches einrollen. Mit der Nahtstelle nach unten auf das Blech legen.

5 Die restliche Butter schmelzen, den Strudel damit bestreichen und im Ofen auf der mittleren Schiene 30–40 Minuten goldbraun backen. Den Strudel herausnehmen, abkühlen lassen und mit Puderzucker bestäubt servieren.

Orangen-Quark-Strudel

Der herzhafter Quark erhält hier eine erfrischend leichte Note.

Für den Strudelteig

200 g Mehl

1 Ei | 1 EL Rapsöl

1 Prise Salz

80 ml Wasser

Rapsöl zum Bestreichen

Mehl für die Arbeitsfläche

Für die Füllung

500 g Quark

100 g Zucker

1 TL Vanillezucker

3 Eier

abgeriebene Schale von

½ unbehandelten Zitrone

50 g Rosinen, in Rum eingelegt

50 g Orangeat, klein geschnitten

50 g gehackte Mandeln

Salz

ca. 80 g flüssige Butter

2 EL Semmelbrösel

Für den Guss

200 g Puderzucker

1 EL Orangensaft

etwas Orangenlikör

1 EL Zesten von einer

unbehandelten Orange

Für 1 Strudel | 1 Std. Zubereitung

40 Min. Ruhen | 45 Min. Backen

1 Mit den angegebenen Zutaten einen Strudelteig (Grundrezept S. 32) zubereiten und ausziehen.

2 Für die Füllung den Quark mit Zucker und Vanillezucker in einer Schüssel verrühren. Die Eier trennen. Die Eigelbe unter die Quarkmasse rühren. Die Zitronenschale, die abgetropften Rosinen, das Orangeat und die Mandeln dazugeben. Die Eiweiße mit 1 Prise Salz zu einem steifen Schnee schlagen und vorsichtig unter die Quarkmasse ziehen.

3 Den Backofen auf 200 °C Ober- und Unterhitze vorheizen. Ein Backblech mit Backpapier auslegen.

4 Den ausgezogenen Teig dünn mit flüssiger Butter bepinseln und mit den Semmelbröseln bestreuen. Die Quarkmasse auf den Teig streichen, dabei rundherum einen ca. 3 cm breiten Rand frei lassen. Die seitlichen Ränder knapp einschlagen, den Strudel mithilfe des Tuches aufrollen und mit der Naht nach unten auf das Backblech gleiten lassen.

5 Den Strudel auf der mittleren Schiene in ca. 45 Minuten goldbraun backen, dabei öfter mit flüssiger Butter bestreichen. Herausnehmen und lauwarm abkühlen lassen.

6 Für den Guss den Puderzucker mit dem Orangensaft und dem Orangenlikör verrühren. Den lauwarmen Strudel damit bestreichen und mit den Zesten bestreuen. Den Guss trocknen lassen. Den Strudel in Stücke schneiden und servieren.

Äpfeltarte

Die unwiderstehliche französische Variante des Apfelkuchens.

Für den Mürbeteig

120 g Mehl

100 g gemahlene Hirse (ersatzweise Mehl)

50 g gemahlene Mandeln

1 Ei

2–3 EL flüssiger Honig

1 Prise Salz

abgeriebene Schale von ½ unbehandelten Zitrone

150 g kalte Sanella

Fett und Semmelbrösel für die Form

Mehl für die Arbeitsfläche

Für den Belag

150 ml saure Sahne

1–2 EL Zucker

1 Eigelb

1 kg säuerliche Äpfel

1–2 EL Aprikosenkonfitüre

Für 1 Tarteform (Ø 26 cm)

30 Min. Zubereitung

1 Std. Kühlen

35 Min. Backen

1 Das Mehl mit der Hirse und den Mandeln mischen und auf eine Arbeitsfläche häufen. In die Mitte eine Mulde drücken und das Ei, 1 Esslöffel Honig, das Salz und die Zitronenschale hineingeben. Die Sanella in Flöckchen an den Rand setzen, alles rasch zu einem glatten Mürbeteig verkneten. Den Teig zur Kugel formen, in Folie wickeln und 1 Stunde im Kühlschrank ruhen lassen.

2 Den Backofen auf 225 °C Ober- und Unterhitze vorheizen. Eine Tarteform einfetten und dünn mit Semmelbröseln ausstreuen.

3 Den Teig auf einer leicht bemehlten Arbeitsfläche ausrollen, die Form damit auskleiden und einen Rand hochziehen. Mit einer Gabel den Teigboden mehrmals einstechen.

4 Für den Belag die saure Sahne mit dem Zucker und dem Eigelb verrühren und auf den Teigboden streichen.

5 Die Äpfel schälen, vierteln, vom Kerngehäuse befreien und in dünne Spalten schneiden. Die Apfelspalten dicht an dicht auf dem Teig anordnen. Die Tarte im Ofen 25–35 Minuten goldbraun backen.

6 Die Konfitüre mit dem restlichen Honig erhitzen. Die Tarte damit bestreichen und nochmals 5 Minuten backen.

147

Tarte Tatin

Wenig Zutaten, geringer Backaufwand – maximaler Genuss!

Für den Blätterteig
(alternativ 275 g TK-Blätterteig)
80 g Mehl
1 Prise Salz
50 ml Wasser
10 g weiche Butter
80 g kalte Butter
Mehl für die Arbeitsfläche
Fett für die Form

Für den Belag
4 säuerliche Äpfel
75 g Butter
100 g Zucker
Schlagsahne (nach Belieben
zum Servieren)

Für 1 backofenfeste Pfanne (Ø 24 cm)
30 Min. Zubereitung Tarte
2 Std. Zubereitung Blätterteig
25 Min. Backen

1 Den Blätterteig mit den angegebenen Zutaten (Grundrezept S. 34) zubereiten. Wird TK-Blätterteig verwendet, diesen auftauen lassen.

2 Den Backofen auf 225 °C Ober- und Unterhitze vorheizen.

3 Die Äpfel schälen, vierteln, vom Kerngehäuse befreien und in 1 cm breite Spalten schneiden. Die Butter in einer ofenfesten Pfanne aufschäumen lassen, den Zucker dazugeben und unter ständigem Rühren karamellisieren lassen. Die Pfanne vom Herd nehmen und die Apfelspalten hineinschichten.

4 Den Blätterteig auf einer bemehlten Arbeitsfläche ausrollen, auf Pfannengröße zuschneiden und auf die Äpfel legen. Dabei den Rand etwas nach unten drücken.

5 Die Tarte im heißen Backofen in ca. 25 Minuten knusprig braun backen, dann herausnehmen.

6 Die Pfanne mit einem großen Teller abdecken und noch heiß stürzen (Vorsicht: sehr heiß!). Die Tarte leicht abkühlen lassen und lauwarm servieren. Nach Belieben Schlagsahne dazu reichen.

> **Tipp**
> Wenn Sie den Blätterteig frisch zubereiten möchten, nehmen Sie am besten die Zutaten für die gesamte im Grundrezept angegebene Menge Blätterteig (700 g). Damit gelingt der Teig besser. Sie können den übrigen Teig dann für ein anderes Rezept aus diesem Buch verwenden oder einfrieren.

Xmas

Knusperhäuschen

Knuspern erlaubt: Hier wohnt bestimmt keine böse Hexe!

Für den Lebkuchenteig
250 g Honig
250 g brauner Zucker
100 g Sanella
500 g Mehl
1 TL Lebkuchengewürz
1 EL Kakaopulver
1 EL Pottasche
1 Ei
Mehl für die Arbeitsfläche

Für die Verzierung
2 Eiweiß
250 g Puderzucker
200 g Toppas (Vollkorn-Weizen-Flakes)
150 g Fruchtgummis (nach Belieben)
Kirschlollis

3 Std. Zubereitung
12 Std. Kühlen
15 Min. Backen

1 Für die Lebkuchen den Honig, den Zucker und die Sanella unter Rühren erhitzen, bis sich der Zucker gelöst hat. Die Masse abkühlen lassen. Mehl mit Lebkuchengewürz und Kakao mischen. Pottasche in 2 Esslöffeln Wasser auflösen und dazugeben. Das Ei verquirlen, mit der Honigmasse zum Mehl geben und alles gut verkneten. Den Teig in Frischhaltefolie wickeln und 12 Stunden kühl stellen.

2 Den Backofen auf 175 °C Umluft vorheizen. Zwei Backbleche mit Backpapier belegen.

3 Aus festem Karton Schablonen anfertigen: Für die Seitenwände ein Rechteck (12 x 7 cm), für das Dach ein Rechteck (16 x 10 cm) ausschneiden sowie eine Giebelschablone (10 cm breit, Firsthöhe 12 cm).

4 Den Teig halbieren und auf einer leicht bemehlten Arbeitsfläche 1 cm dick ausrollen. Mithilfe der Schablonen 2 Seitenteile, 2 Dachplatten und 2 Giebelseiten ausschneiden. Fenster und Türen aus den Seitenteilen ausschneiden. Die Teile auf die Bleche legen und ca. 15 Minuten backen. Aus dem Ofen nehmen und auskühlen lassen.

5 Für den Guss die Eiweiße verquirlen, unter Rühren Puderzucker einrieseln lassen, bis eine dickflüssige Masse entsteht. Guss in einen kleinen Gefrierbeutel füllen und eine untere Ecke abschneiden. Tür und Fenster mit dem Guss umranden. Seiten- und Giebelwände mit Guss aneinanderkleben. Falls nötig, bis zum Trocknen mit Holzstäbchen fixieren.

6 Das Dach mit Guss bestreichen und gleichmäßig mit Toppas belegen. Das Dach auf auf das Haus kleben, gut trocknen lassen. Das Haus rundum nach Belieben mit Fruchtgummis und Lollis verzieren. Mit Zuckerguss ausgestalten und trocknen lassen.

Weiße-Schoko-Kokos-Nikoläuse

Lauter freundliche Gesichter versüßen den vorweihnachtlichen Kuchenteller.

Für den Teig

Fett für das Blech

200 g Mehl

2 TL Backpulver

½ TL Natron

1 Ei

75 g Zucker

1 Päckchen Vanillezucker

70 ml Pflanzenöl

250 g Joghurt

Für die Verzierung

250 g weiße Schokolade

rote Lebensmittelfarbe

Kokosraspel

Zuckerperlen

Mini-Marshmallows

Für ca. 24 Stück

1 Std. Zubereitung

20 Min. Backen

1 Den Backofen auf 180 °C Ober- und Unterhitze vorheizen. Die 12 Vertiefungen eines Muffinblechs einfetten oder Papierförmchen hineinsetzen.

2 Mehl mit Backpulver und Natron in einer Rührschüssel mischen. In einer weiteren Schüssel das Ei mit Zucker, Vanillezucker, Öl und Joghurt gut verrühren. Die Masse zur Mehlmischung geben und nur so lange rühren, bis die trockenen Zutaten feucht sind.

3 Den Teig in die Vertiefungen des Muffinblechs füllen und im Ofen 15–20 Minuten backen. Aus dem Ofen nehmen, etwas abkühlen lassen, die Muffins aus dem Blech lösen und vollständig auskühlen lassen.

4 Die Schokolade über einem heißen Wasserbad schmelzen. Die Oberfläche der Muffins zur Hälfte mit der weißen Schokolade bestreichen. Die restliche Schokolade mit der Lebensmittelfarbe rot einfärben und die andere Hälfte der Muffin-Oberfläche damit bestreichen.

5 Für den Bart Kokosraspel auf die weiße Fläche streuen. Darüber mit Zuckerperlen nach Belieben ein Gesicht ausgestalten.

6 Für die Mützenbommel kleine Marshmallows oder Kaubonbons an der oberen Mitte der roten Fläche anbringen.

Weihnachtshefestangen

In die richtige Form gebracht, passt Hefegebäck auch gut in die Vorweihnachtszeit.

Für den Hefeteig

500 g Mehl

½ Würfel Hefe (21 g)

¼ l lauwarme Milch

60 g Zucker

2 Eier

60 g weiche Sanella

1 Prise Salz

100 g Trockenfrüchte

(z. B. Rosinen und Kirschen)

2 cl Rum

80 g geschälte Mandeln

Mehl für die Arbeitsfläche

3–4 EL flüssige Butter

zum Bestreichen

Für den Guss

50 g Puderzucker

1–2 EL Sahne

Für 6 Stück

45 Min. Zubereitung

1 Std. Ruhen

30 Min. Backen

1 Für den Teig mit den angegebenen Zutaten einen Hefeteig zubereiten (Grundrezept S. 28). Den Teig zugedeckt an einem warmen Ort zur doppelten Größe (ca. 45 Minuten) aufgehen lassen.

2 Den Backofen auf 180 °C Ober- und Unterhitze vorheizen. Ein Backblech mit Backpapier belegen.

3 Die Trockenfrüchte klein schneiden und im Rum einweichen. Die Mandeln klein hacken.

4 Den Teig auf einer bemehlten Arbeitsfläche nochmals gut durchkneten und in 6 Stücke teilen. Jeweils zu einem Rechteck (25 x 12 cm) ausrollen.

5 Trockenfrüchte und Mandeln auf den Teigrechtecken verteilen und längs aufrollen. Jede Rolle spiralartig in sich verdrehen und ein Ende umbiegen.

6 Die Stangen auf das Backblech legen, mit der Butter bestreichen und 15 Minuten gehen lassen. Im heißen Ofen in ca. 30 Minuten goldbraun backen. Aus dem Ofen nehmen und auf einem Kuchengitter auskühlen lassen.

7 Den Puderzucker mit der Sahne dickflüssig anrühren. Die Stangen mit dem Guss verzieren, trocknen lassen und servieren.

Ministollen

Den Stollen gibt es hier mal als mundgerechte Häppchen.

500 g Mehl

1 Würfel frische Hefe (42 g)

125 ml lauwarme Milch

8 EL Zucker

1 Prise Salz

1 Päckchen Vanillezucker

abgeriebene Schale von

1 unbehandelten Zitrone

200 g Sanella

250 g Sultaninen

40 g Orangeat | 40 g Zitronat

50 g gehackte Mandeln

80 g flüssige Sanella zum Wenden

Zucker zum Wälzen

Für ca. 40 Stück

30 Min. Zubereitung | 1 Std. Ruhen

20 Min. Backen

1 Den Ofen auf 180 °C Ober- und Unterhitze vorheizen. Ein Backblech mit Backpapier belegen.

2 Für den Teig mit den angegebenen Zutaten einen Hefeteig zubereiten (Grundrezept S. 28). Den Teig zugedeckt an einem warmen Ort 30 Minuten gehen lassen.

3 Den Teig zu Strängen (Ø 3 cm) rollen und diese in ca. 40 Stücke teilen. Jedes Stück zu einem ovalen Stollen formen und mit etwas Abstand zueinander auf das Backblech setzen. Mit einem Tuch abdecken und erneut 30 Minuten gehen lassen.

4 Im Ofen ca. 20 Minuten backen. Die Ministollen warm in flüssiger Sanella wenden und anschließend in Zucker wälzen. Auskühlen lassen und servieren.

Mohnstollen

Schlichter Mohn in feiner Hülle: ein leichter Genuss!

Für den Hefeteig
1 Würfel frische Hefe (42 g)
70 g Zucker | 500 g Mehl
1 Prise Salz | 1 Ei
150 g weiche Sanella

Für die Füllung
200 ml Milch
125 g frisch gemahlener Mohn | 3 EL Zucker
Puderzucker zum Bestäuben

35 Min. Zubereitung | 1 Std. 45 Min. Ruhen
30 Min. Quellen | 1 Std. Backen

1 Für den Teig mit den angegebenen Zutaten einen Hefeteig zubereiten (Grundrezept S. 28). Den Teig zugedeckt 45 Minuten gehen lassen.

2 Für die Füllung die Milch aufkochen und den Mohn einstreuen. Den Topf vom Herd nehmen und die Masse 30 Minuten quellen lassen. Falls noch Flüssigkeit im Topf ist, diese abgießen. Den Zucker unterrühren.

3 Den Hefeteig auf einer bemehlten Arbeitsfläche zu einem Rechteck (20 x 30 cm) ausrollen. Die Füllung darauf verteilen und von beiden Längsseiten zur Mitte hin aufrollen. Auf das Backblech legen, mit einem Tuch abdecken und 1 Stunde gehen lassen.

4 Den Backofen auf 180 °C Umluft vorheizen. Ein Backblech mit Backpapier belegen.

5 Den Mohnstollen im Ofen ca. 1 Stunde backen. Falls er zu stark bräunt, mit Alufolie abdecken. Aus dem Ofen nehmen und abkühlen lassen. Mit Puderzucker bestäubt servieren.

Weihnachtssterne

Die gelben Sternchen leuchten mit den Adventskerzen um die Wette.

Für den Mürbeteig
500 g Mehl
1 TL Backpulver
120 g Zucker
1 EL Vanillezucker
½ TL abgeriebene Schale
einer unbehandelten Zitrone
1 Prise Salz
1 Ei
250 g kalte Sanella
Mehl für die Arbeitsfläche

Für die Glasur
3–4 EL Zitronensaft
200 g Puderzucker
gelbe Lebensmittelfarbe

Für die Verzierung
Zuckersternchen

Für 70–80 Stück
1 Std. Zubereitung
30 Min. Ruhen
25 Min. Backen
(ca. 8 Min. pro Blech)

1 Für den Mürbeteig das Mehl und das Backpulver mischen und auf die Arbeitsfläche sieben. In der Mitte eine Vertiefung eindrücken. Zucker, Vanillezucker, Zitronenschale, Salz und Ei hineingeben. Die in Stücke geschnittene Sanella auf dem Mehlrand verteilen. Alles rasch zu einem Mürbeteig verarbeiten (Grundrezept S. 24).

2 Den Teig in Frischhaltefolie wickeln und anschließend 30 Minuten im Kühlschrank ruhen lassen.

3 Den Backofen auf 200 °C Ober- und Unterhitze vorheizen. Drei Backbleche mit Backpapier belegen.

4 Den Teig auf einer bemehlten Fläche 4 mm dick ausrollen und mit Förmchen Sterne ausstechen.

5 Die Teigsterne auf die drei Backbleche verteilen und nacheinander im Ofen in ca. 8 Minuten goldbraun backen. Herausnehmen und auf einem Kuchengitter auskühlen lassen.

6 Für die Glasur Zitronensaft mit Puderzucker verrühren und mit der Lebensmittelfarbe gelb einfärben. Die Sterne damit bestreichen und mit den Zuckersternchen verzieren. Gut trocknen lassen.

Spritzgebäck

Süße Kringel zum Adventskaffee: Für die feinherbe Nuance sorgt die Schokolade.

Für den Spritzteig
200 g weiche Sanella
75 g Zucker
2 EL Vanillezucker
abgeriebene Schale von
1 unbehandelten Orange
3 Eier
½ TL Backpulver
1 Msp. gemahlener Zimt
300 g Mehl
Milch nach Bedarf

Für die Verzierung
120 g dunkle Schokolade

Für 40–50 Stück
30 Min. Zubereitung
1 Std. Kühlen
14 Min. Backen pro Backblech

1 Die Sanella in einer Schüssel cremig rühren. Zucker, Vanillezucker, Orangenschale und Eier dazugeben und alles cremig rühren. Backpulver und Zimt unter das Mehl geben. Das Mehl esslöffelweise unter die Eiermasse rühren. Ist der Teig zu zäh, noch etwas Milch dazugeben. Abgedeckt 30 Minuten kalt stellen.

2 Den Backofen auf 180 °C Umluft vorheizen. Ein Backblech mit Backpapier belegen.

3 Den Teig in einen Spritzbeutel mit gezackter Tülle füllen und auf das Backblech Kringel, Streifen oder Spiralen spritzen. Nochmals 30 Minuten kalt stellen.

4 Das Gebäck im Ofen in 12–14 Minuten goldbraun backen, herausnehmen und auskühlen lassen.

5 Für die Verzierung die Schokolade klein hacken und über einem heißen Wasserbad schmelzen. Vom Herd nehmen und etwas abkühlen lassen. Die Plätzchen zu einem Drittel in die Schokolade tauchen, kurz abtropfen und trocknen lassen.

Florentiner

Hübsch gestapelt und gepackt, eignen sich die Türmchen
auch gut als kleines Geschenk.

100 ml Sahne

125 g Zucker

1 EL Vanillezucker

1 Msp. gemahlener Zimt

40 g Sanella

125 g Mandelblättchen

75 g Zitronat (oder Orangeat
bzw. gemischt)

50 g Trockenfrüchte, gehackt
(z. B. Kirschen, Pflaumen)

50 g Rosinen

200 g Zartbitterkuvertüre

Für ca. 30 Stück

45 Min. Zubereitung

10 Min. Backen

1 Den Backofen auf 200 °C Ober- und Unterhitze vorheizen. Ein Backblech mit Backpapier belegen.

2 Die Sahne mit dem Zucker, dem Vanillezucker und dem Zimt aufkochen. Die Sanella dazugeben und schmelzen lassen. Die Mandeln, das Zitronat, die Trockenfrüchte sowie die Rosinen hinzufügen und unterrühren.

3 Mit zwei Teelöffeln kleine Häufchen der Masse auf das Backblech setzen und im Ofen in ca. 10 Minuten goldbraun backen. Herausnehmen und abkühlen lassen, vom Papier lösen.

4 Die Kuvertüre über einem heißen Wasserbad schmelzen. Die Unterseite der Florentiner damit bestreichen und trocknen lassen.

Tipp

Schön wirkt auch ein Muster auf der Schokoladenseite der Florentiner: Dazu mit einer Gabel in die noch feuchte Kuvertüre z. B. ein Wellen- oder ein Spiralenmuster ziehen.

Esterhazy-Nussschnitten

Weihnachtlich edel und bestechend im Geschmack!

Für den Mürbeteig

300 g Mehl | 80 g Puderzucker | 1 EL Vanillezucker

3 Tropfen Zitronenaroma | 125 g gemahlene

Walnusskerne

1 Ei | 200 g kalte Sanella

Für die Füllung und die Glasur

200 ml Sahne | 50 g Zucker | 4 Eigelb

1 EL Vanillezucker | 200 g Sanella | 1 EL Kirschwasser

2–3 EL Aprikosenkonfitüre, erwärmt

150 g Puderzucker | 4 EL Zitronensaft

30 g Zartbitterkuvertüre

Für 4 Personen | 2 Std. Zubereitung

2 Std. 30 Min. Kühlen | 12 Min. Backen

1 Für den Teig aus den Zutaten einen Mürbeteig zubereiten (Grundrezept S. 24). Den Ofen auf 200 °C Umluft vorheizen. Den Teig messerrückendick ausrollen, in 3 cm breite Streifen schneiden und auf einem Blech im Ofen in ca. 10 Minuten goldbraun backen. Auskühlen lassen.

2 Für die Füllung die Sahne mit dem Zucker, den Eigelben und dem Vanillezucker unter Rühren über einem heißen Wasserbad auf 70 °C erhitzen, bis die Eigelbe binden. Über einem kalten Wasserbad unter Rühren abkühlen lassen. Die Sanella in Stücken unterschlagen, bis eine homogene Creme entsteht, dann 1 Stunde kühl stellen. Anschließend schaumig rühren und mit Kirschwasser abschmecken.

3 Drei Gebäckstreifen mit Creme bestreichen und aufeinandersetzen. Mit einem vierten Streifen bedecken. Diesen mit Konfitüre bestreichen.

4 Für die Glasur Puderzucker mit Zitronensaft und nach Bedarf mit kaltem Wasser dick anrühren. Die Schokolade über dem Wasserbad schmelzen. Die Schnitten mit der Zuckerglasur überziehen. Die Schokolade in einen Gefrierbeutel füllen, eine Spitze abschneiden und Linien auf die Glasur spritzen. Mit einer Gabel ein Muster durchziehen. Die Glasur fest werden lassen.

Geschenk-Cake-Pops

Für alle, die schon in der Vorweihnachtszeit ihre Päckchen haben wollen …

Fett und Mehl für das Blech
150 g gemahlene Mandeln | 60 g Kakaopulver
1 TL gemahlener Zimt | 150 g Mehl | 3 Eier
250 g Zucker | 150 ml Sonnenblumenöl
3 Tropfen Bittermandelaroma | 2 Eiweiß
50 g weiße Schokolade
400–500 g Puderzucker | 1 Eiweiß
rote Lebensmittelfarbe
gelbe, grüne und weiße Zuckerschrift

Für 1 rechteckige Backform (20 x 30 cm)
1 Std. Zubereitung | 50 Min. Backen
1 Std. Trocknen

1 Den Backofen auf 190 °C Ober- und Unterhitze vorheizen. Die Form einfetten und mit Mehl bestäuben.

2 Die Mandeln mit dem Kakao, dem Zimt und dem Mehl mischen. Die Eier verquirlen, den Zucker, das Öl und Mandelaroma unterschlagen. Die Mehlmischung unterziehen. Die Eiweiße zu Eischnee schlagen und unterheben. Den Teig in der Form verteilen und glatt streichen. Im Ofen ca. 50 Minuten hellbraun backen (Stäbchenprobe S. 18) . Herausnehmen, auskühlen lassen und aus der Form lösen. Den Kuchen in Quadrate von etwa 4 x 4 cm schneiden.

3 Die weiße Schokolade schmelzen. Einen Cake-Pop-Stiel bis zur Mitte in ein Kuchenquadrat bohren und wieder herausziehen. Ein paar Tropfen Schokolade auf jedes Loch geben, je einen Cake-Pop-Stiel an einem Ende in die Schokolade tauchen und wieder in das Kuchenloch schieben. Gut trocknen lassen.

4 Den Puderzucker mit dem Eiweiß verrühren, dabei keine Luft einschlagen! Die Masse sollte nicht zu dickflüssig sein, bei Bedarf wenige Tropfen Wasser unterrühren. Mit roter Lebensmittelfarbe einfärben. Die Cake Pops in die Glasur tauchen, kurz abtropfen , dann trocknen lassen (in einer Cake Pop-Halterung oder in einem Glas mit Zucker). Die getrockneten Cake Pops mit Zuckerschrift verzieren (Punkte, Paketschnüre, Geschenkbänder). Abschließend gut trocknen lassen.

Bunte Savarins

Nicht nur zum Essen, auch als Tischdekoration hübsch anzusehen!

Für den Hefeteig

350 g Mehl

15 g Hefe

1 TL Zucker

125 ml lauwarme Milch

2 Eier

1 Päckchen Vanillezucker

100 g Zucker

100 g Sanella

Fett für die Form

Für den Sirup

200 g Zucker

6 cl Zwetschgenwasser

2 cl Maraschino-Likör

Für den Guss

125 g Puderzucker

1–2 EL Zitronensaft

Zuckerperlen zum Verzieren

Für 6 kleine Savarins

40 Min. Zubereitung

1 Std. 30 Min. Ruhen

35 Min. Backen

1 Für den Teig mit den angegebenen Zutaten einen Hefeteig zubereiten (Grundrezept S. 28). Den Teig anschließend an einem warmen Ort zugedeckt 30–45 Minuten gehen lassen.

2 Den Backofen auf 200 °C Ober- und Unterhitze vorheizen. Eine Savarinform für 6 Savarins einfetten.

3 Den Teig in einen Spritzbeutel mit großer Lochtülle füllen und in die Savarinform spritzen. Nochmals 45 Minuten gehen lassen und in 30–35 Minuten im Ofen goldbraun backen. Herausnehmen, abkühlen lassen und die Savarins aus der Form stürzen.

4 Für den Sirup den Zucker in 350 ml Wasser einrühren, aufkochen und 5 Minuten kochen lassen. Den Sirup vom Herd nehmen und den Alkohol unterrühren. Die Savarins auf der Oberseite mehrmals mit einem Holzspießchen einstechen und mit der Flüssigkeit tränken.

5 Für den Guss den Puderzucker mit dem Zitronensaft und wenig Wasser dünnflüssig anrühren. Die Savarins leicht mit dem Zuckerguss einstreichen, in Zuckerperlen wenden und trocknen lassen. Möglichst frisch verzehren.

Schneemann-Kekse

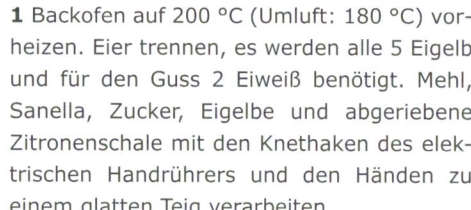
Für 12 Stück:

5 Eier
250 g Mehl
125 g Sanella
125 g Zucker
1 EL abgeriebene Zitronenschale
(oder 1 Pck. Citro Back)

Zum Verzieren:

75 g Marzipan Rohmasse
1-2 TL Backkakao
200 g Puderzucker
12 Schokokugeln oder -pralinen
1 Pck. Feine Marzipan Rübli
1 Tube braune Zuckerschrift

1 Backofen auf 200 °C (Umluft: 180 °C) vorheizen. Eier trennen, es werden alle 5 Eigelb und für den Guss 2 Eiweiß benötigt. Mehl, Sanella, Zucker, Eigelbe und abgeriebene Zitronenschale mit den Knethaken des elektrischen Handrührers und den Händen zu einem glatten Teig verarbeiten.

2 Auf einer leicht bemehlten Arbeitsfläche ca. 3 mm dünn ausrollen. Mit einem großen Glas 12 Kreise ausstechen. Auf mit Backpapier belegten Backblechen im vorgeheizten Ofen ca. 10 Minuten backen.

3 Für die Dekoration Marzipan mit Backkakao schokobraun färben. Marzipanschnüre vorformen.

4 Zwei Eiweiß steif schlagen, dabei Puderzucker portionsweise einrieseln lassen. Mit einem Backpinsel oder Löffel den Guss auf den Keksen verstreichen. Leicht trocknen lassen. Aus halbierten Schokokugeln und Marzipanschnur die Ohrenschützer dekorieren. Karotten als Nase platzieren und mit brauner Zuckerschrift Augen und Mund auftupfen.

Schokomakronen mit Feigenfüllung

Ein Hauch Exotik für die klassischen Makronen.

Für den Baiserteig

3 Eiweiß

1 TL Zitronensaft | 1 Prise Salz

200 g Zucker

200 g gemahlene Mandeln

2 EL Speisestärke | 2 EL Kakaopulver

½ TL gemahlener Zimt

Für die Füllung

100 g Marzipanrohmasse

200 g getrocknete Feigen

2–3 EL Mandellikör

Für 25–30 Stück

50 Min. Zubereitung

30 Min. Backen

1 Für den Teig die Eiweiße mit dem Zitronensaft, Salz und Zucker so lange steif schlagen, bis sich der Zucker aufgelöst hat und eine weiß glänzende, schnittfeste Masse entstanden ist. Die Mandeln mit der Stärke, dem Kakao und dem Zimt mischen und unter den Eischnee heben.

2 Den Backofen auf 150 °C Umluft vorheizen. Ein Backblech mit Backpapier belegen.

3 Den Teig in einen Spritzbeutel mit großer Lochtülle füllen und 50–60 große Kugeln (Ø 2 cm) auf das Backblech spritzen. Im Ofen 25–30 Minuten backen. Herausnehmen, sofort vom Blech lösen und auf einem Kuchengitter auskühlen lassen.

4 Für die Füllung das Marzipan fein reiben, die Feigen klein hacken und mit dem Likör unter das Marzipan kneten. Aus der Masse 25–30 Kugeln rollen. Jede Kugel leicht flach drücken, zwischen 2 Makronen legen und vorsichtig zusammendrücken. Die Makronen trocken aufbewahren.

Gewürzschnitten

Hier werden dem Backofen weihnachtliche Düfte entlockt.

200 g Mehl
100 g gemahlene Haselnusskerne
50 g gehackte Haselnusskerne
200 g Zucker | 1 Prise gemahlener Zimt
1 Prise gemahlener Kardamom | Salz
2 TL Backpulver
einige Tropfen Bittermandelaroma
4 Eier | 3 cl Amaretto
Mehl zum Arbeiten
½ Päckchen roter Tortenguss
125 ml Kirschsaft

Für 20 Stück
1 Std. Zubereitung | 45 Min. Backen

1 Den Backofen auf 180 °C Ober- und Unterhitze vorheizen. Ein Backblech mit Backpapier belegen.

2 Das Mehl mit den Nüssen, dem Zucker, dem Zimt und dem Kardamom, 1 Prise Salz, Backpulver, Bittermandelaroma, 3 Eiern und dem Amaretto vermischen und zu einem glatten Teig verkneten. Sollte der Teig zu klebrig sein, noch etwas Mehl einarbeiten.

3 Aus dem Teig 5 Rollen formen (Ø 3 cm). Im Abstand von 4 cm mit einem Kochlöffelstiel auf jeder Rolle Rillen eindrücken. Die Rollen mit Mehl bestäuben und kurz ruhen lassen.

4 Das übrige Ei verquirlen. Die Rollen mit ca. 5 cm Abstand auf ein Backblech legen, mit dem Ei bestreichen und im Ofen ca. 15 Minuten backen. Herausnehmen, leicht abkühlen lassen. Die Rollen in 4 cm breite Scheiben schneiden, sodass die Rillen mittig sind. Auf das Backblech legen. Bei 160 °C ca. 20 Minuten trocknen lassen. Die Schnitten auskühlen lassen. Den Tortenguss nach Packungsangabe mit dem Saft glatt rühren, in einen Spritzbeutel füllen und in die Rillen der Schnitten spritzen. Trocknen lassen.

Bunte Pfefferkuchen

Ein fröhlicher Anblick auf dem Weihnachtsteller!

250 g Mehl | 1 TL Backpulver
175 g Rohrzucker | 1 Prise Salz
1 Ei | 1 EL flüssiger Honig | 1 TL Zimt
½ TL Lebkuchengewürz
1 EL fein gehacktes Zitronat
50 g gemahlene Mandeln
3 EL Milch | 60 g Butter
200 g Puderzucker für den Guss
bunte Zuckerperlen zum Verzieren

Für 35–40 Stück
1 Std. Zubereitung
1 Std. Kühlen
15 Min. Backen

1 Für den Teig Mehl, Backpulver, Rohrzucker und Salz mit dem Ei, Honig, Zimt und Lebkuchengewürz auf einer bemehlten Arbeitsfläche vermischen. Das Zitronat zusammen mit den Mandeln und der Milch zugeben. Die Butter in Stückchen darauf verteilen und alles zu einem glatten Teig verkneten.

2 Den Teig zu 2 Rollen mit je ca. 3 cm Ø formen, in Frischhaltefolie wickeln und 1 Stunde im Kühlschrank ruhen lassen.

3 Den Backofen auf 180 °C Umluft vorheizen. Ein Backblech mit Backpapier belegen.

4 Die Teigrollen in ca. 2 cm dicke Scheiben schneiden. Diese mit etwas Abstand zueinander auf ein Backblech legen. Im Ofen ca. 15 Minuten backen. Herausnehmen und auf einem Kuchengitter auskühlen lassen.

5 Für den Guss den Puderzucker mit ca. 4 EL Wasser zu einem dickflüssigen Guss verrühren und die Pfefferkuchen damit bestreichen. Nach Belieben mit Zuckerperlen bestreuen. Den Guss trocknen lassen.

Husarenkrapfen

Dieser fruchtige Klassiker darf in keiner Plätzchendose fehlen.

Fett für die Backbleche
100 g weiche Sanella
75 g Rohrzucker
2 EL Zitronensaft
2–3 EL Sahne
175 g Mehl
50 g gemahlene Mandeln
200 g Rote-Johannisbeer-Gelee
Puderzucker zum Bestäuben

Für 60 Stück
45 Min. Zubereitung
10 Min. Backen pro Backvorgang

1 Den Backofen auf 180 °C Ober- und Unterhitze vorheizen. Zwei Backbleche einfetten.

2 Für den Teig die Sanella mit dem Zucker, dem Zitronensaft und der Sahne cremig rühren. Anschließend das Mehl und die Mandeln unterrühren bzw. unterkneten.

3 Den Teig zu kleinen Kugeln rollen und auf die Bleche legen. Einen Kochlöffelstiel in kaltes Wasser tauchen und in jede Kugel eine kleine Mulde drücken.

4 Die Bleche mit dem Gebäck nacheinander im Ofen ca. 10 Minuten backen, bis die Kugeln leicht gebräunt sind. Heiß vom Blech lösen und auf ein Kuchengitter setzen.

5 Das Johannisbeergelee erhitzen. Zuerst die Plätzchen mit Puderzucker bestäuben und erst danach die Mulden mit dem flüssigen Gelee füllen. Erkalten und fest werden lassen.

> ## Tipp
> Nehmen Sie auch mal andere Geleesorten: So bekommen Sie Husarenkrapfen in verschiedenen Farben. Etwa dunkelrot mit Schwarze-Johannisbeer-Gelee oder gelb mit Quittengelee.

Orangen-Rentiere/Spitzbuben

Machen sich tierisch gut auf dem Plätzchenteller ...

Orangen-Rentiere

Für den Mürbeteig

125 g weiche Sanella

100 g brauner Zucker | 1 Prise Salz

100 g Zartbitterschokolade, fein gerieben

2 TL abgeriebene Schale
einer unbehandelten Orange

1 Ei | 200 g Mehl

1 EL Kakaopulver | Mehl für die Arbeitsfläche

1 Eigelb zum Bestreichen

Für die Glasur

100 g Puderzucker | 2 TL Orangensaft

Für 30 Stück

45 Min. Zubereitung | 1 Std. Kühlen

10 Min. Backen

1 Aus den angegebenen Zutaten einen Mürbeteig (Grundrezept S. 24) zubereiten. Im Kühlschrank 1 Stunde ruhen lassen.

2 Den Backofen auf 200 °C Ober- und Unterhitze vorheizen. Ein Backblech mit Backpapier auslegen.

3 Den Teig auf einer leicht bemehlten Arbeitsfläche 3 mm dick ausrollen. Rentiere ausstechen. Die Plätzchen auf das Backblech legen.

4 Das Eigelb mit 1 Esslöffel Wasser verquirlen und die Teiglinge damit dünn bestreichen. Die Plätzchen im Ofen ca. 10 Minuten backen. Herausnehmen und auf einem Kuchengitter auskühlen lassen.

5 Puderzucker und Saft glatt rühren, in einen Gefrierbeutel füllen, untere Ecke abschneiden und die Plätzchen mit Glasur umranden. Trocknen lassen.

Spitzbuben

150 g weiche Sanella

75 g Puderzucker

1 Eigelb

1 Päckchen Vanillezucker

1 Prise Salz

1 TL abgeriebene Schale
einer unbehandelten Zitrone

250 g Mehl

Mehl für die Arbeitsfläche

100 g feine Orangenmarmelade
(oder Aprikosenkonfitüre) zum Bestreichen

Puderzucker zum Bestäuben

1 Std. Zubereitung

1 Std. Kühlen

12 Min. Backen

1 Aus den angegebenen Zutaten einen Mürbeteig (Grundrezept S. 24) zubereiten. Im Kühlschrank 1 Stunde ruhen lassen.

2 Den Backofen auf 200 °C Ober- und Unterhitze vorheizen. Ein Backblech mit Backpapier belegen.

3 Den Teig auf einer leicht bemehlten Arbeitsfläche 3 mm dick ausrollen. Runde Plätzchen (Ø 3 cm) ausstechen. Aus der Hälfte der Plätzchen Buchstaben oder andere Motive ausstechen oder -schneiden.

4 Die Teiglinge in ca. 12 Minuten goldbraun backen. Herausnehmen, etwas abkühlen lassen, dann auf einem Kuchengitter ganz auskühlen lassen. Die gelochten Plätzchen mit Puderzucker bestäuben.

5 Marmelade erhitzen und pürieren. Die ganzen Plätzchen damit bestreichen, gelochte Plätzchen daraufsetzen, leicht andrücken. Trocknen lassen.

Weihnachtliche Muffins

Muffins können sich auch festlich geben.

Für die Muffins
100 g weiche Sanella
175 g Zucker
2 Eier
1–2 TL Vanillemark
1 Prise Salz
250 g Mehl
2 TL Backpulver
125–150 ml Milch
2 EL Kakaopulver

Für die Creme
150 ml Sahne
1 EL Kakaopulver
1 EL Puderzucker
Weihnachssternplätzchen,
nach Belieben (Rezept S. 160)

Für 12 Stück
40 Min. Zubereitung
30 Min. Backen

1 Den Backofen auf 160 °C Umluft vorheizen. Papierförmchen in die 12 Vertiefungen eines Muffinblechs setzen.

2 Für den Teig die Sanella zusammen mit dem Zucker mit dem Handrührgerät hellcremig schlagen. Eier, Vanille und Salz unterrühren und schaumig schlagen.

3 Das Mehl mit dem Backpulver mischen, abwechselnd mit der Milch unter die Schaummasse rühren. Eine Hälfte des Teigs mit dem Kakao und 3 Esslöffeln Milch verrühren.

4 Die Papierförmchen mit dem hellen und dem dunklen Teig jeweils zur Hälfte füllen. Im Ofen ca. 30 Minuten backen (Stäbchenprobe S. 18). Herausnehmen und auf einem Kuchengitter ganz auskühlen lassen.

5 Für die Creme die Sahne steif schlagen. Den Kakao und den Puderzucker darübersieben und vorsichtig unterziehen.

6 Die Muffins aus den Papierförmchen nehmen und auf einer Platte anrichten. Die Creme in einen Spritzbeutel mit Sterntülle geben und auf jeden Muffin einen Kreis aufbringen. Mit Puderzucker bestäuben und nach Belieben mit Weihnachtssternplätzchen dekorieren.

Festliche Petits Fours

Mit edlem Outfit sind diese Küchlein der Star beim Festtagsmenü.

Für den Biskuitteig

6 Eier

100 g Mehl

75 g gemahlene Mandeln

1 Prise Salz

150 g Zucker

Zucker zum Stürzen

Für die Füllung

250 g Marzipanrohmasse

125 g Puderzucker

1 EL Orangenlikör

250 g Aprikosenkonfitüre

Für die Verzierung

2 Eiweiß

1 EL Zitronensaft

500 g Puderzucker

Zuckerfiguren (nach Belieben)

Für 1 Backblech (30 x 40 cm) bzw. ca. 25 Stück
1 Std. 30 Min. Zubereitung | 12 Min. Backen
12 Std. Ruhen

1 Für den Teig den Backofen auf 200 °C Umluft vorheizen. Ein Backblech mit Backpapier belegen.

2 Die Eier trennen. Das Mehl mit den Mandeln vermengen. Die Eiweiße mit dem Salz steif schlagen, den Zucker einrieseln lassen und erneut steif schlagen. Die Eigelbe und das Nuss-Mehl abwechselnd unterheben.

3 Die Masse auf das Backblech streichen und im Ofen in ca. 12 Minuten goldbraun backen (Stäbchenprobe S. 18). Herausnehmen, auf ein gezuckertes Küchentuch stürzen, das Backpapier abziehen und wieder auf den Teig legen. Den Teig ganz auskühlen lassen.

4 Den Kuchen anschließend längs in 3 gleich große Streifen schneiden. Für die Füllung das Marzipan mit dem Puderzucker und dem Likör verkneten und 2 mm dick ausrollen. Drei Streifen in Teigstreifengröße schneiden. Die Konfitüre erhitzen, durch ein Sieb streichen. Die Teigstreifen damit einstreichen. Die Marzipanstreifen jeweils darauflegen. Wieder mit Biskuitstreifen bedecken und so weiterverfahren, bis alle Teig- und Marzipanstreifen aufeinandergesetzt sind. Die letzte Schicht besteht aus Marzipan. Den Schichtkuchen zugedeckt über Nacht durchziehen lassen.

5 Am nächsten Tag die Kuchenstreifen in Quadrate schneiden. Zum Verzieren die Eiweiße mit dem Zitronensaft sorgfältig verrühren. Den Puderzucker nach und nach unterrühren, bis ein dickflüssiger Guss entstanden ist.

6 Die Petits Fours auf ein Kuchengitter setzen und mit dem Guss überziehen. Antrocknen lassen und nach Belieben mit Zuckerfiguren verzieren. Vollständig trocknen lassen und zum Servieren in Papierförmchen setzen.

Tipp

Zuckerfiguren lassen sich leicht selbst herstellen:
1 Eiweiß mit 60 g feinem Zucker und 1 Prise Salz steif schlagen. Nach Belieben Ornamente oder Figuren auf ein Backpapier spritzen und im Ofen bei 50 °C trocknen lassen. Nach dem Auskühlen nach Belieben mit essbarem Goldglitter (Fachhandel) bestreuen.

Schokoladenherzen

Schokolade satt: Die Herzen erfreuen den Gaumen und das Gemüt.

Für den Rührteig

150 g weiche Sanella

170 g Zucker

3 Eier

½ Päckchen Vanillezucker

220 g Mehl

2–3 EL Kakaopulver

60 g gemahlene Mandeln

1–2 TL Backpulver

Für den Guss

300–400 g Zartbitterkuvertüre

125 g Puderzucker

1 TL Zitronensaft

Für 1 kleines Backblech (30 x 20 cm)

50 Min. Zubereitung

20 Min. Backen

1 Den Backofen auf 180 °C Ober- und Unterhitze vorheizen. Ein Backblech mit Backpapier belegen.

2 Die Sanella mit dem Zucker cremig schlagen. Die Eier nacheinander in den Teig geben und weiterschlagen. Den Vanillezucker dazugeben und unterrühren. Das Mehl sieben und mit dem Kakao sowie dem Backpulver vermischen. Die Mehlmischung mit den Mandeln unter die Schaummasse heben.

3 Den Teig auf das Backblech geben, glatt streichen und im heißen Ofen ca. 20 Minuten backen (Stäbchenprobe S. 18). Den fertigen Kuchen aus dem Ofen nehmen, 10 Minuten abkühlen lassen, zum Auskühlen auf ein Kuchengitter stürzen und das Backpapier abziehen.

4 Aus dem Kuchen mit einem Förmchen 12 Herzen ausstechen (Ø 6–7 cm). Die Kuchenreste anderweitig verwenden.

5 Die Kuvertüre klein hacken und über einem heißen Wasserbad schmelzen. Die Kuchenherzen mit der Kuvertüre glasieren und trocknen lassen.

6 Den Puderzucker mit Zitronensaft und bei Bedarf einigen Tropfen Wasser dickcremig anrühren. In einen kleinen Gefrierbeutel füllen, unten eine Spitze abschneiden und die Herzen mit dem Guss verzieren. Gut trocknen lassen.

Gewürzkuchen mit Marzipansternen

Hier sind alle weihnachtlichen Aromen vereint.

Fett und Semmelbrösel für die Gläser
250 g weiche Sanella
250 g Zucker
1 Päckchen Vanillezucker
2 TL abgeriebene Schale
einer unbehandelten Orange
2 TL Lebkuchengewürz
4 Eier
250 g Mehl
50 g Speisestärke
2 TL Backpulver
125 ml Glühwein
100 g Marzipanrohmasse
Puderzucker

Für 6 ofenfeste Gläser à 250 ml Inhalt
50 Min. Zubereitung
20–25 Min. Backen

1 Den Backofen auf 180 °C Ober- und Unterhitze vorheizen. Die Gläser einfetten und mit Semmelbröseln ausstreuen.

2 Die Sanella mit Zucker, Vanillezucker, Orangenschale und Lebkuchengewürz cremig rühren, bis die Masse Spitzen zieht. Die Eier einzeln gründlich so lange unterschlagen, bis eine schaumige Masse entsteht. Das Mehl mit der Speisestärke und dem Backpulver mischen und abwechselnd mit dem Glühwein unter die Schaummasse rühren.

3 Den Teig in die Gläser füllen und diese auf den Rost im Backofen stellen. Den Kuchen im Ofen 20–25 Minuten backen (Stäbchenprobe S. 18).

4 Die Gläser aus dem Ofen nehmen und sofort verschließen.

5 Zum Servieren den Kuchen aus dem Glas nehmen. Für die Verzierung die Marzipanrohmasse auf Puderzucker dünn ausrollen und nach Belieben Sterne ausstechen. Die Kuchen mit Marzipansternen dekorieren und mit Puderzucker bestäuben.

Rosinenküchlein im Glas

Leckerer Kuchen in ungewohnter Umgebung.

Fett und Mehl für die Gläser
250 g Rosinen
4 cl Rum
250 g Sanella
250 g Zucker
4 Eier
Schale und Saft von
½ unbehandelten Zitrone
1 Päckchen Backpulver
400 g Mehl
100 ml Milch
Puderzucker zum Bestäuben

Für 3 ofenfeste Gläser à 750 ml Inhalt
30 Min. Zubereitung
1 Std. Backen

1 Den Backofen auf 180 °C Ober- und Unterhitze vorheizen. Die Gläser einfetten und mit Mehl bestäuben.

2 Die Rosinen waschen und im Rum einweichen. Die Sanella sehr schaumig rühren, nach und nach Zucker, Eier, Zitronenschale und -saft dazugeben. Das Backpulver mit dem Mehl vermischen und abwechselnd mit der Milch unter die Schaummasse rühren. Nur so viel Milch verwenden, dass der Teig schwer reißend vom Löffel fällt. Die Rosinen abtropfen lassen, leicht mit Mehl bestäuben und unter den Teig geben.

3 Den Teig auf die Gläser verteilen und im Ofen 50–60 Minuten backen (Stäbchenprobe S. 18). Herausnehmen und die Gläser sofort verschließen.

4 Zum Servieren den Kuchen aus dem Glas nehmen und mit Puderzucker bestäuben.

> **Tipp**
> Den Kuchen können Sie ganz nach Geschmack noch reichhaltiger machen: Geben Sie z. B. klein gehackte Schokoladenstückchen oder -tropfen oder auch Zitronat und Orangeat in den Teig und backen ihn, wie oben angegeben.

Linzer Törtchen

Der Klassiker im Kleinformat.

300 g Mehl
150 g gemahlene Mandeln
1 TL Backpulver
½ TL abgeriebene Schale
einer unbehandelten Zitrone
1 TL gemahlener Zimt
1 Msp. gemahlene Nelken
200 g brauner Zucker
1 Prise Salz | 2 Eigelb
1 EL saure Sahne
300 ml kalte Sanella
Butter und Mehl
für die Förmchen
Mehl für die Arbeitsfläche
brauner Zucker zum Wenden
400 g Johannisbeergelee
1 EL Kirschwasser

Für 10 Tartelette-Förmchen (Ø 8 cm)
40 Min. Zubereitung
1 Std. 15 Min. Ruhen
20 Min. Backen

1 Das Mehl mit den Mandeln, dem Backpulver, der Zitronenschale, Zimt, Nelken, Zucker und Salz vermischen. Auf eine Arbeitsfläche häufen und in die Mitte eine Mulde eindrücken. Die Eigelbe und die saure Sahne in die Mulde geben. Die Sanella in Stücke schneiden und auf dem Rand der Mulde verteilen. Alles zu einem Mürbeteig verarbeiten (Grundrezept S. 24). Zu einer Kugel formen und im Kühlschrank 1 Stunde ruhen lassen.

2 Die Tartelette-Förmchen einfetten und bemehlen. Nach der Kühlzeit den Teig auf einer leicht bemehlten Arbeitsfläche 3–4 mm dick ausrollen, 10 Kreise (Ø 6 cm) ausstechen und auf den Boden der Förmchen legen.

3 Aus dem restlichen Teig eine Rolle formen (etwas vom Teig für die Sterne aufheben). Die Rolle in 10 Stücke teilen und jeweils ein Stück Rolle an den Rand der Förmchen legen und festdrücken. Aus dem restlichen Teig Sterne ausstechen (offen und geschlossen) und auf ein mit Backpapier belegtes Blech legen. Die Tartelette-Förmchen nochmals 15 Minuten in den Kühlschrank stellen.

4 Den Backofen auf 170 °C Ober- und Unterhitze vorheizen.

5 Aus Alufolie eine Rolle formen und an den Rand jedes Törtchens legen, um den Rand während des Backens zu stabilisieren. Die Törtchen im Ofen 15–20 Minuten hellbraun backen. Die Sterne in ca. 10 Minuten goldgelb backen.

6 Anschließend die Förmchen herausnehmen, die Ränder und Böden vorsichtig aus den Formen stürzen und die Böden in Zucker wenden. Die Böden und Ränder auf einem Gitter auskühlen lassen.

7 Das Johannisbeergelee mit dem Kirschwasser in einem Topf erwärmen, bis das Gelee flüssig ist.

8 Die Böden und die Ränder aufeinandersetzen. Das Gelee in die Törtchen füllen, dann kurz antrocknen lassen. Mit den Sternen belegen und vollständig trocknen lassen.

Register

Impressum

icook2day ist die Verlagsmarke von CulinartMedia
www.icook2day.de

© 2013 by CulinartMedia –
Ein Unternehmen der CulinArts Holding GmbH
www.culinartmedia.com

© 2013 SAT.1
www.sat1.de
Lizenz durch ProSiebenSat.1 Licensing GmbH
www.prosiebensat1licensing.com

DAS GROSSE BACKEN is based on the original format Great British Bake Off devised by
Love Productions. This book is produced under licence from BBC Worldwide Ltd.

ISBN 978–3–943848–35–9

DAS GROSSE BACKEN

Konzeption und Realisierung:
bookwise medienproduktion GmbH,
Zeppelinstr. 67, 81669 München

Fotografie, Rezepte und Rezeptvorlagen:
StockFood GmbH, Tumblingerstr. 32, 80337 München

Titelfoto:
EISING STUDIO – FOOD, PHOTO & VIDEO,
Tumblingerstr. 32, 80337 München

Druck:
POLYGRAF PRINT spol. s r.o., Đapajevova 44, 080 01 Prešov, Slowakische Republik

Bildnachweis

Cover © Eising Studio – Food Photo & Video
© StockFood GmbH für folgende Fotos:
22, 24, 34, 52, 82, 92, 94, 96, 143, 184, 186

Folgende Fotos wurden von StockFood GmbH zur Verfügung gestellt mit Genehmigung von:
Akiko Ida 54; Alack, Chris 127, 129; Bauer Syndication 10; Bender, Uwe 44; Blueberrystudio 132; Brachat, Oliver 114;
Brauner, Michael 18, 159; Castilho, Rua 40, 47, 76, 116; Cimbal, Walter 58; Da Costa, Beatriz 120; Demeurs & Pili Pili 146; Eising Studio – Food
Photo & Video 15, 19, 21, 26, 28, 46, 67, 72, 80, 98, 111, 160, 164, 173, 176; Ellert, Luzia 88; és-cuisine 38; Feiler Fotodesign 66; Finley, Marc. O. 148;
Foodcollection 118, 178; Foodfolio 17; Gallo Images Pty Ltd. 140; Fritz, Albert 188; Garlick, Ian 16, 167; Gillé, Christine 162; Gottlieb, Dennis 5;
Grablewski, Alexandra 50; Hay, John 62; Hible, Paula 154; Hildebrandt, Esther 73; Hoersch, Julia 84, 152; Holz, Michael 182; Hrbková, Alena 100,
175; Huerta, Anna 60; Johnér Bildbyrå AB 2; Joy Skipper FoodStyling 11, 78; Kaktusfactory 68; Kapoor, Nitin 36/37; Keller & Keller Photography
122; Kirchherr, Jo 74/75, 136; Koeb, Ulrike 166; La Food – Thomas Dhellememmes 124; Lehmann, Herbert 171; Lerner, Danny 70, 104; Maximi-
lian Stock Ltd 13; Miller, Diana 90, 139; Montana, John 89; Newedel, Karl 57, 144; Nobile, Paolo 110; Ory, Deborah 130; Paul, Michael 138;
Plewinski, Antje 181; Radvaner, Bernard 86; Richardson, Alan 156; Riou, Jean-Christophe 8; Russell, Kathryn 112/113; Schindler, Martina 56;
Sporrer / Skowronek 142; Strokin, Yelena 135; Studio R. Schmitz 48; Teubner Foodfoto GmbH 32, 106, 108, 158, 168, 172; Timmann, Claudia
150/151; Urban, Martina 6, 14; Visser, Michael 102; Vogt, Sebastian 64; Winkelmann, Bernhard 42, 128; Zabert Sandmann Verlag 30; Zero Cool
Studio 134; Zogbaum, Armin 107